U0004389

他不只是NBA球場上的皇帝，更是商場上難以取代的天才！

王者 LeBron Inc.

Brian Windhorst

勒布朗．詹姆斯縱橫球場與制霸商場的成王之道

布萊恩．溫德霍斯特——著　高子璽 Tzu-hsi KAO——譯

本書謹獻給戴恩（Dane）

目錄

本質上，職業籃球隊和一般高中校隊相比，並沒有那麼不同。兩邊球員都會競爭：爭時間、爭分數、爭位置；兩邊球員都能享受籃球的美好：這份美好來自隊友情誼、團隊合作，以及勝利果實。有些人喜歡教練，有些人討厭教練。即便如此，NBA和全球其他任一聯盟相比，仍有一處大不相同：錢。

第一章

拒絕的力量

多年來，人們時常好奇我對勒布朗．詹姆斯（LeBron James）最有印象的一面為何。這題很有挑戰性，我曾有好長一段時間不知如何回應。最後我有了一個確信的答案，這個答案能揭開許多面紗。

我於一九九九年認識勒布朗，當時他十四歲，很多面都還是個孩子：有一點點娃娃臉，體格看得出來最後會很壯碩；雖然腳大腿長，但當時的他可還沒長鬍子。馬威利克．卡特（Maverick Carter）是他當時的隊友，也是他的至交。卡特憶及勒布朗的高一時期，表示那年秋天勒布朗來到聖文森—聖瑪莉高中（St. Vincent–St. Mary）就讀時，身高差不多就六呎，我倒是記得他還要更高一點。然而，對於勒布朗隔年春天的身高，我們倆的記憶可就兜得攏了：時值俄亥俄州籃球錦標賽，在滿場球迷前出賽的他，已經抽高到六呎四吋[1]。

許多人初識勒布朗時，一定會對他的體格感到驚訝。在他的比賽還未獲得一週兩、三次全美轉播的待遇前，此一印象更是強烈。實際上，體格可以說是他最讓人留下深刻印象的一點。

---

1 譯按：約一百九十五公分。二〇一九年ＮＢＡ裸足實測身高約為二百零四公分。

他身高六呎八吋，在美國國家籃球協會（NBA）聯盟生涯體重最高曾來到二百八十磅[2]——即使身處頂尖球員之林，這也是相當亮眼的體格。根據勒布朗於十七歲時所配合的第一位肌力教練透露，以身體素質而言，他先前未曾看過青少年的負重訓練，可以達到勒布朗的表現（勒布朗的增肌速度飛快）。到了進軍NBA時，勒布朗體重二百四十磅，每場比賽在對位成人球員時不但不遜色，而且能佔上風。

在二〇〇六年的一場季後賽，勒布朗扭傷腳踝，在訓練室待了一個多小時接受治療，不乏下一場休兵的可能性。我曾問當時克里夫蘭騎士隊（Cleveland Cavaliers）的隊友拉里·休斯（Larry Hughes），是否對此擔憂。他答：「不會。你有注意過他的腳踝嗎？」這倒是，因為勒布朗的腳踝和一般男性的肩膀一樣大。還有一次於邁阿密熱火隊（Miami Heat）時期，勒布朗曾在一場季後賽的比賽期間，增重了七磅[3]。這儼然是天方夜譚，連他本人都一頭霧水，因為他頂多在中場休息時吞了幾條蛋白質棒和灌很多水而已。

令人印象深刻的，還有勒布朗的球感：他傳球能力出色，擅於拉出傳球角度，將球送到隊友手上；他是左撇子，但打籃球時慣用右手。拜此之賜，他能左右開弓，這點賦予對位時的優勢，以及進攻端的主宰力，使他成為最佳的得分好手之一。

他的記憶力讓人驚豔，這包含短期和長期記憶。二〇一八年季後賽的一場賽後記者會中，勒布朗談到一波為時兩分鐘的重要攻防時，對細節如數家珍，一些在場人士聽了直拍手讚嘆。他們有所不知的是，勒布朗憶及十年前的比賽時，同樣能記憶猶新。前邁阿密熱火隊隊友克里斯・波許（Chris Bosh）就曾說：「某個星期天，有一次我們在看NFL[4]比賽。他不但認識每一位球員，還知道每個人的畢業學校。你會納悶他怎麼知道打安全衛的那個替補球員，以前讀科羅拉多州立大學？」

然後還有勒布朗的工作道德、速度、持久力。這些特質舉足輕重，幫助他成為史上最偉大的籃球員之一。然而，這還不是他最讓人佩服的地方——至少對我而言。

對我而言，最讓人佩服的是他的洞察力。

論洞察力，在我至今認識的人中，無人能及這位全名勒布朗・雷蒙・詹姆斯（LeBron Raymone James）的球員：他能於賽場上洞悉身邊的狀況；他能預知兩、三步以內的場上行

2　譯按：約一百二十七公斤。

3　譯按：約三公斤。

4　譯按：美國美式足球聯盟（NFL）。

動；他能在傳球前知道隊友的接應位置，以及隊友接獲傳球後的投傳選擇；他能預判對手的可能跑動路線，或是往籃框的進攻方向。

勒布朗職業生涯中最重要的一次場上攻防，或許要算是二〇一六年總冠軍系列賽第七戰賽末時對上安德烈・伊古達拉（Andre Iguodala）發動的阻攻。勒布朗躍身搧出這記追魂鍋時，左右手先分別封阻籃框兩側。這是因為他知道在進攻習性上，伊古達拉可能採取反手上籃，因此無論往哪一側攻擊，防守端都能雙管齊下。這就是他洞悉比賽的能力，但場外的洞察力更令人玩味。

勒布朗能洞悉同一場域的人、時、地等要素，以及事物發展的全貌（sense of history），無人能出其右：坐在休息室內觀看電視轉播比賽時，他能預測下一波攻防走向；記者進行誘導式發問時，他能在回答前就發現；隊友在相距數個更衣櫃的地方靠攏談天時，對於可能討論的話題，他了然於胸。這番敘述乍聽誇大其辭，但相信我，他就是如此敏銳地掌控周遭。

勒布朗的洞察力，同樣為他籃球場外的成功事業奠定基礎：他了解本身能力的限制，以及如何針對陌生領域尋求協助，在他的事業版圖拓展上，這項特質舉足輕重；他知道和誰合作對他有利，誰又試圖佔他便宜，這樣的敏銳度對他有莫大幫助。儘管不到百分百精準，卻是實實在在的本事。勒布朗深知如何利用本身的名氣與人氣，爭取商業交易的優勢，進而增加營收，並為關注的公益領域募得善款，不用自掏腰包。

這並非是說他從未犯錯。一如一般人，勒布朗也曾判斷失準，但他洞燭機先的能力，往往可降低傷害，化誤判為教訓。

在洞察力的引領下，他曾作出據稱是最重大的人生決定之一。時間是美國時間二〇〇三年五月的某個週四夜晚，當時他就讀高中四年級；地點則位於麻州坎頓市（Canton）的一間會議室，在場的一名男子手持一張價值一千萬美元的支票，受款人正是勒布朗。

多年過去，當時在場人士的記憶已經有一點模糊。保羅・費爾曼（Paul Fireman）時任銳跑（Reebok）執行長，權勢在握。勒布朗說他看著費爾曼寫下那張支票；當時的經紀人則說那張本票直接從銀行信封取出，已經開立。

後續發展可就沒人忘得了：這名出身清貧的十八歲少年，向對方說「不」。事實上，勒布朗所拒絕的，可是最終價值可能高達總額一億美元的一筆商業交易，而他隔天早上就能將這張鉅額支票存到自己的戶頭。勒布朗眼中望著那張支票，心中閃過幾個念頭。銳跑的諸位高層早就有備而來，不但特地確認勒布朗的母親葛羅莉亞・詹姆斯（Gloria James）會在場，還親手將支票交到她手上。

那張美金八位數的支票握在手上時，勒布朗的第一道念頭是母親的房租。他們當時在政府補助下，住進位於俄亥俄州阿克倫[5]（Akron）市的一間公寓，曾經一個月租金十七美元。勒布朗一家人曾是「伊莉莎白花園」（Elizabeth Park）政府住宅計畫區的住戶，位於山坡地，該處蔑稱為阿克倫市的「底端區」（the bottom）。勒布朗說，當他住在那裡時，他甚至會害怕到山丘頂部。住在山丘頂部的人，都知道伊莉莎白花園是暴力中心，應該避而遠之。勒布朗兒時聽過槍聲，目睹過人遭刀械傷害。時至今日，他還是會納悶自己何以安然活過當時，納悶自己不應該有現在的成就，納悶自己不應該有成功的機會。當時的伊莉莎白花園可是犯罪的溫床。

走過伊莉莎白花園最上方，有一座又長又高的橋，由於橫跨阿克倫市的兩區，當地人稱為「Y形橋」。橋的一端有一座醫院，設有一間精神病房。有一座圍籬，數十年來不變，與橋等長，高度很低，容易攀爬。如同下方的伊莉莎白花園，這座橋也有暱稱：自殺橋。下方有一座遊樂區，設施已銹蝕，玩耍於其中的孩童有時候可以目睹一躍而下的自殺者。

閃過勒布朗腦海的第二道念頭，是其他廠商的代言合約。這場會面談的是他的第一項球鞋代言案，數週前勒布朗已經宣告將進軍職籃。銳跑率先卡位，他們用心良苦，在當天事先派私人專機去接放學的勒布朗。隔天已安排好赴洛杉磯，聽取阿迪達斯（Adidas）的簡報。隔週則是去波特蘭拜訪耐吉（Nike）。

銳跑盼勒布朗取消前往其他廠商的赴約；他們希望打鐵趁熱，當場簽約。為此，銳跑處心積慮，想跌破眾人眼鏡，開出了籃球員招募史上最驚人的一張代言合約。此一驚人之舉的發想人是史蒂夫．史陶德（Steve Stoute）。史陶德曾是音樂產業高層，一手打造了數十位藝人：威爾．史密斯（Will Smith）、五角（50 Cent）到納斯（Nas）均名列其中。史陶德為許多出身清貧、有天分的青少年打理過職涯。改為銳跑效力的他，鼓勵費爾曼複製他從前的做法：直接掏錢給對方看，然後成交。數個月前，史陶德才剛幫銳跑簽下Jay-Z的合作案，並剛發行Jay-Z的

5 譯按：「Akron」為本書重大地名，在漢語圈新聞、專書、旅遊、學術等領域出現過多種音譯，如「艾克朗」、「阿肯諾」、「阿克隆」等。本書採美國在台協會（AIT）音譯「阿克倫」，也較接近英文原音。

第一代簽名鞋S. Carter。

史陶德說：「這在音樂界司空見慣。拿出一大筆錢，雙方就成交了。那筆錢不是先拿來應付用的，我們直接開出勒布朗會想要的合約。他中意我們的提案內容，他主導會面，所以我們知道他在考慮我們。我們的設想是，跟到他的價格，他就會選我們。」

銳跑高層離開房間，讓勒布朗思考其中的條件：這可是重磅代言案。帶走合約，就是帶走支票；如果直接打道回府，等於將鉅款拒於門外。有些人讚許勒布朗勇於回絕對方；有些人則說太鋌而走險。經紀人亞倫．古德溫（Aaron Goodwin）經驗老到，從旁提供建議，但就算勒布朗點頭接受，也不會有人發出責難。即使是耐吉和阿迪達斯也能體諒他選了銳跑。那恐怕不是一張任何人應該拒於門外的合約。

當時勒布朗十八歲，即使銳跑形同保障他往後的優渥人生，勒布朗仍有回絕的洞察力。

史陶德說：「我當場拍手。費爾曼不敢相信，對他來說這沒有道理。我這輩子還沒遇過這種情況。我的拍手出於尊敬。年輕、專業、成功、出身低，我和有這種特質的多位非裔美籍青年打過交道，勒布朗拒絕我的當下，我就知道這個世代已經不簡單了。我很佩服他。勒布朗推掉那筆錢，然後隔天照樣上學！」

勒布朗隔些年對我說：「你要連終點都想到，我可是為我的一輩子談合約。你不能眼中只看到那第一張支票，你要去想到所有的合作提案。」

正是因為有這樣的洞察力，後續才能有本書所要陳述的故事。這本書將細數勒布朗於籃球場外的人生旅程，這些故事和他獨一無二的職業生涯同時展開。一如他的場內表現，場外的他曾多次經歷過讓人難以置信的勝利，以及需謙卑接受的挫敗：有些人生抉擇帶來的痛苦，不亞於總冠軍賽敗北；有些勝利則賦予極大的滿足感，即使大多是他本人才能感受。本書將同時談及勝敗兩邊的故事。

在某種意義上，章節內容充其量只是勒布朗商業生涯的開端。他高瞻遠矚，眼光落在退役後四十年左右的生活。他和他的親友、商業夥伴目標遠大，因此目前的成就還只是序曲。他早就立志要當十億美元等級的億萬富豪，且不只要獲利，還要拿到事業的所有權，包括擁有實體店面、取得智慧財產權，甚至擁有整支職業運動隊伍，藉此拓展影響力。

勒布朗之所以能達到現今成就，背後有著一段精彩故事。讀者將於後面章節一探究竟。

第二章——籌資人

地點是紐澤西州哈肯薩克市（Hackensack）的一座小型大學體育館。勒布朗的母親葛羅莉亞在館外抽完一根菸，聽到我對拉斯維加斯之行的提問後就笑了。時值二〇〇一年七月第一週，我們在阿迪達斯ABCD籃球營（Adidas ABCD Camp），這是讓年輕新秀展示球技的活動，此時葛羅莉亞的愛子正處於他青少年球涯的一大關鍵時期。隔週，勒布朗前往拉斯維加斯參加一場錦標賽，葛羅莉亞對我表示她計畫同行。我們在比賽間的空檔走出球館外，在陽光下閒聊，打發時間。球館內擠滿觀眾，溫度很高。我聊起吃角子老虎。葛羅莉亞說：「布萊恩，我窮到要被鬼抓走了，哪來的錢玩吃角子老虎。」

對於高中明星籃球員來說，二〇〇一年夏天至關重要。那年七月，NBA極度熱衷從高中球星挖掘職籃潛力股。究其原因，要回溯到一九九五年凱文．賈奈特（Kevin Garnett）開啟先河，隔年科比．布萊恩（Kobe Bryant）跟上腳步：兩人皆是高中畢業後投入職籃，一舉成為球星，聯盟因此想如法炮製。二〇〇一年，美國球界八名頂尖職業球員中，有四位是高中畢業後投入職籃，包括聯盟史上第一位高中選秀狀元夸米．布朗（Kwame James Brown）。時勢所趨，職業球探湧入阿迪達斯ABCD籃球營。多了高中層級卡位競爭，眾頂尖大學教練感到不以為然。

在此籃球營數個月之前，時任北卡羅來納大學（University of North Carolina）籃球教練的麥特．達赫蒂（Matt Doherty），正試著勸退一位備受矚目的球員，不要畢業後直接加盟ＮＢＡ，那名球員名為德薩蓋納．迪奧普（DeSagana Diop），迪奧普先前已經承諾要直接投入職籃。達赫蒂開車駛向維吉尼亞州，前往迪奧普就讀的高中橡樹山學園（Oak Hill Academy）與他會面，並拿出一張首輪籤的薪資列表給迪奧普看。達赫蒂的建議是：迪奧普若於該年投入選秀，據外界評估會於首輪中後段被挑中，而與其如此，如果迪奧普能來北卡大學男籃柏油腳跟隊（Tar Heel），打出成績，力拼成為狀元，日後的收入會更可觀。

這番話術不無道理。前一年的秋天，我也曾開車前往維吉尼亞州威爾遜口（Mouth of Wilson），在位於該地區的橡樹山學園和迪奧普碰面談話。他還在糾結自己是否準備好投入職籃，但達赫蒂拿出來薪資列表時，迪奧普看到即使是當選首輪後面順位的球員，仍有年薪幾乎一百萬美元的保障合約，為期三年。出身塞內加爾的迪奧普從未夢想過如此鉅款，因此幾乎是當場便決定投入選秀（他最終以第八順位被挑中，第一年球季的薪資是一百八十萬美元）。

看準這波風潮，湧入ＡＢＣＤ籃球營的大學教練和職業球探人數之多，可以說是磨肩頂踵。當時說來詭異：NBA聯盟只准職業球探進入營隊看這群高中生打球，但不得攀談；全美大學體育協會（NCAA）則允許大學教練和這群球員攀談，但不許對媒體提及球員姓名。當時勒布朗不過十六歲，而且還有成長空間，但在籃球營中已經連三天繳出優異成績，表現徹底輾壓營隊中更年長的一些球員，因此公認為整場活動中實力最佳者。里科·皮提諾（Rick Pitino）甫於路易斯維爾大學（University of Louisville）執掌兵符，當天下午從館內現身，以不提及名字的方式，告訴電視媒體勒布朗將成為NBA球星。皮提諾未指名道姓，顯然有遵守NCAA規定（數年後，路易斯維爾大學遭控違反規定，皮提諾也丟了飯碗）。

營隊期間的一天下午，曾榮獲普立茲獎得主的《紐約時報》（*New York Times*）運動專欄作家艾拉·貝科（Ira Berkow）跨過哈德遜河（Hudson River），來看勒布朗。隔天，貝科於《紐約時報》撰文稱勒布朗高三之後大概就能進軍職籃。那是當時美國媒體給勒布朗的最大讚譽，也引起一小波熱潮。索尼·瓦卡洛（Sonny Vaccaro）為業餘籃球傳奇，漫長的工作生涯締造不少豐功偉業，其中著名事蹟是為耐吉簽下麥可·喬丹（Michael Jordan），並將科比·布萊恩納入阿迪達斯麾下。針對滿是高中球員的選秀，由於勒布朗已經優於所有其他已經被挑到的十八歲球員，瓦卡洛向我推斷勒布朗可能會是樂透籤人選。

這番話自然是對勒布朗讚譽有加。那個時候的瓦卡洛為了全力招攬勒布朗，早已安排好一紙合約，待勒布朗的高中校隊和阿迪達斯簽字後，他就能獲得全身行頭的贊助。勒布朗高一時，由於隊上只有背號雙數的球衣，無法穿上他青睞的二十三號（新球衣又是數年才採購一次）。到高四時，他已經穿了十數款球衣，而幾乎每場比賽都穿一雙阿迪達斯的新球鞋。瓦卡洛倒是說對一個重點：勒布朗是那裡最出色的球員。

正當眾人料準勒布朗不久將披上NBA戰袍之際，勒布朗與家人在當時有必須面對的現實。已經明朗化的不只是勒布朗打算直接投身職籃，他也成為眾家球鞋公司望眼欲穿的目標。球鞋公司向來有意招攬明星運動員來幫忙行銷產品，箇中道理很單純：愈早挖到潛力股，就愈能打好關係，擠掉競爭對手，以較為合理的價格簽下該運動員。一如銳跑高層史陶德所言，籃球界的年輕球員和音樂界的年輕藝人在這一方面，可說有異曲同工之妙。其中倒是有一點重大差別：音樂界中，唱片公司可以找到年輕潛力股後立刻簽約，無論年紀高低，讓同業沒有機會下手；而在運動界，由於高中運動界受業餘條款約束，球鞋公司只能伺機而動。因此，成敗只會更事關重大，競爭市場也只會愈燒愈熱。

一連串態勢下，球員處境一體兩面：年輕運動員一方面要吸引外界延攬，一方面要在壓力中力求表現，其中會衍生一定程度的壓力。不用說，勒布朗是萬中之選，固然有相當機會主宰籃球界，但也必須穩住推進的動能。如果十六歲時能簽下數百萬美元的合約，那早就簽了，但他會有兩年無法於NBA出場，而這段時間可能另有極大變數。為了確保勒布朗有最好的教練指導、競爭對手與曝光機會，他比先前更需要在全美飛來飛去。勒布朗的母親葛羅莉亞向來生活困頓，明顯無法提供這些資源。當時她不假思索說沒錢玩吃角子老虎，讓我印象深刻。真要說的話，生下勒布朗就已經是中樂透了。她的兒子即將賺進大把鈔票，但開銷已經很大：勒布朗總是有行程，用的方面有新玩意、吃的方面講究、行的方面有一台四輪、住的方面會在外地過夜。因此必須從其他地方找財源，而這絕對不會是由葛羅莉亞負擔。再說，這樣的生活型態在往後幾年會更頻繁上演。

事情的後續發展，是勒布朗早期從商場上學到的收穫之一。

這邊要先提母子倆的舊相識艾迪．傑克森（**Eddie Jackson**）。勒布朗年幼時，傑克森和葛羅莉亞曾經交往。有一張知名照片是勒布朗正在玩一座迷你籃框，那是他小時候的聖誕禮物。

據傑克森所說，那是他買給勒布朗的。在勒布朗高中時，葛羅莉亞和傑克森兩人已經分手，但傑克森仍以某些方式提供勒布朗家庭所需。

當時傑克森簡單自稱為「生意人」。他的確當過銷售員，做過一些正當生意，但據他本人所說，他有過前科。勒布朗還小的時候，他因毒品交易坐牢；而當勒布朗讀高中時，傑克森涉入一宗不動產詐欺案，經認罪協商後，進入聯邦監獄服刑，當時勒布朗高四。

這些過去導致許多人揣測，認為傑克森心懷不軌，並認為和傑克森有所牽扯會是雙方關係上的一種汙點。對於勒布朗與其家人來說，和一名重罪犯扯上關係，或者說從一名重罪犯身上拿好處，顯然不是理想之舉，但事實上傑克森的角色豈止微妙，而且有時極為重要：勒布朗之所以能得到人生的第一台車，就是靠傑克森的幫忙；傑克森從前擁有一棟房子，最終也讓勒布朗搬進去；勒布朗幾次去外地的所需費用，是傑克森資助，他同時也安排葛羅莉亞陪同，讓勒布朗更加安心。對於勒布朗而言，傑克森是最接近父親角色的人，而且有一段時間，勒布朗甚至稱傑克森為父親。傑克森是否用詐欺得來的不當之財來資助他們母子？這點不無可能。傑克森是否密謀從勒布朗身上撈到好處，又或者他是否在放長線釣大魚？這點也不無可能。然而，這些質疑不代表在勒布朗的人生旅程中，傑克森無足輕重；這些質疑也不代表他不關心勒布朗，他曾試著守護勒布朗，並且確實做到。

二〇〇一年，看到勒布朗的情形後，傑克森知道他必須站出來幫助籌錢，此舉事後成為事態發展的關鍵。在共同朋友的介紹之下，他安排與一位男性會面。這位男性名為喬．馬爾許（Joe Marsh），在當時勒布朗家鄉俄亥俄州阿克倫市，馬爾許是最富有的人之一。馬爾許的財源大多來自先前從事代辦與銷售的經歷，儘管和傑克森一樣和銷售有關，但馬爾許的交易規模更大，而且做的是名門正派的生意。馬爾許擅長為大牌名人籌辦巡演，服務過的客戶包括魔術師大衛．考柏菲（David Copperfield）、女歌手珍娜．傑克森（Janet Jackson）以及搖滾樂團佛利伍麥克（Fleetwood Mac）……等等。如果讀者曾經欣賞過愛爾蘭踢踏舞表演「舞王」（Lord of the Dance），那很可能是由馬爾許籌製。早些年前，他和合夥人將公司以一億一千八百萬美元的價格賣出，一舉成為鉅富。

傑克森將馬爾許視為救星，而後者的意圖儼然是在商言商：馬爾許想建立人脈，而這個人脈在他眼中是不折不扣的搖錢樹人選。兩人同意交易。勒布朗從紐澤西回來不久之後，相信勒布朗將成選秀狀元的瑪爾許給了傑克森一張三萬美元的支票。這是總額十萬美元貸款的第一筆借款，借款人是傑克森和葛羅莉亞，借貸款項將於後續兩年支付。馬爾許的金援不是在做慈善事業，他和傑克森簽約，包括一年一成的利息利率在內，對於勒布朗即將出演的一部紀錄片，馬爾許也保障取得完整所有權。此外另有協議，馬爾許可參與日後勒布朗的代言合約。

馬爾許顯然很有生意頭腦，外界眼光中，他的這筆交易算得很精，某種程度像是在企業新創時期卡位，隨股價飆升後增資的天使投資人。在其他人眼中，可能只是在放高利貸，包裹著以「幫助」為名的糖衣，由娛樂界的沙場老將，餵給待宰的天真肥羊。只能說和馬爾許交易的葛羅莉亞已經被沖昏了頭，而當時年輕、不經世事的勒布朗在交易定案後，被帶到馬爾許位於阿克倫市外的湖邊豪宅會面，儼然無法料到後續發展。

有一些人會認為，勒布朗與其家人和一名中間人進行這種「以錢換權」的交易，會立刻損及勒布朗的業餘球員資格。當時如果這件事曝光，他可能就會遭禁賽，無法從事高中運動，並且蒙羞。但考慮當時背景，哪一方才是在算計，更非三言兩語能夠釐清。

那筆貸款有多少實際花在勒布朗一家人身上，只有傑克森知道。也許他全額投入勒布朗一家。款項付完時，傑克森正在吃牢飯，馬爾許直接將每個月的支票寄給葛羅莉亞。儘管勒布朗和馬爾許有見面，但他從未簽字，這點在事後成為關鍵。往後一年半期間，勒布朗針對紀錄片參加數次會議，並且有意加入。然而，高三那年，所屬校隊在州冠軍賽中爭冠失利，引發一波批評聲浪，媒體首度消遣勒布朗，讓他因此對紀錄片一事興趣大減。不過，勒布朗的知名度也是隨之攀升。

以合作對象而言，勒布朗先前登上《運動畫刊》（*Sports Illustrated*）封面，之後和麥可·喬丹（Michael Jordan）會面。如果要和從未聽過的人合拍紀錄片，他會較為興趣缺缺。十七歲的一場活動中，他認識了導演史派克·李（Spike Lee）。勒布朗向馬爾許告知他想由史派克執導。馬爾許試著配合史派克，但連取得聯絡都有問題。拍片計畫胎死腹中，勒布朗母子倆最後斷開和馬爾許之間的聯繫。到勒布朗高四時，已經不缺金錢和借貸管道。過程艱難，但在他們眼裡，馬爾許的目的達成了。

馬爾許對於遭斷聯感到受挫，在勒布朗的NBA菜鳥球季第一個月就提告，針對紀錄片和可能的行銷案損失，求償一千五百萬美元。馬爾許稱勒布朗違反口頭約定（儘管那些口頭約定於勒布朗未成年時所談）。馬爾許說他沒有想擔任勒布朗的經紀人，而且他只是進行一筆商業交易，放款時，幾乎不知道勒布朗是何方神聖；他表示對方並未兌現承諾內容。

儘管勒布朗嘗試和解，並透過經紀人和律師團隊表示願以數月為期程支付貸款，案件最終於二〇〇五年對簿公堂，勒布朗必須出庭。那時勒布朗的一舉一動眾所矚目，連他解決午餐時是在法院自助餐吃兩份雞肉三明治，甜點嚐了幾塊杯子蛋糕，結帳時用一張百元美鈔付款，這些細節都被當地媒體捕捉。在陪審團以六比二的判決下，勒布朗贏得官司，只要連本帶利還貸即可。

在法庭出席時的勒布朗才二十歲，貸款是四年之前安排的。他老練地回應對方律師的質問，順應在場聽眾，贏得勝利。原生家庭「窮到要被鬼抓走」的勒布朗，當場寫了一張十二萬二千美元的支票，揚首闊步地離席。

這筆安排不算妥當的交易發生於勒布朗十六歲時，勒布朗開始認知到他將成為一名職業籃球員。判決出爐時，他已經對自己所能運用的權力和影響力了然於胸。可以確信的是，勒布朗在那些年間的改變；同樣可以確信的是，勒布朗對於個人事務已有全面決定權。

年少時那個安靜地坐在沙發上，被一堆大人簇擁談著美金六位數生意的勒布朗，已經變成一位大人物，影響力方方面面，能以成熟洗鍊的態度面對法庭攻防。然而，成長的另一關鍵，還有他從球鞋代言案交涉時學到的寶貴課程，也是他人生的一大經歷。

第三章——

一張約，一輩子

一九七一年，菲爾・奈特（Phil Knight）從事鞋業經銷，他的新創事業才剛起步，以奧勒岡州波特蘭市外的一處小辦公室為據點，向外推展產品。奈特當時正發展新品牌，鞋底設計已從鬆餅機的格狀烤盤獲得靈感，品牌名稱卻苦思未果。新系列的候選名稱是「Dimension Six」。奈特是商管碩士（MBA），是註冊會計師（CPA），也是一位勇於衝鋒陷陣的企業家，但並不擅長行銷。奈特的員工請求他棄選「Dimension Six」，但奈特駁斥員工的意見。糾結數日後，奈特感到惱火。由於工廠端等待回覆，奈特從員工的想法中，挑了一個退無可退的選擇：Nike。語源是希臘神話的勝利女神。

當時耐吉的年銷售額約為一百萬美元，有時連付薪水都成問題；到了二〇〇三年，耐吉已經成為全球最有市場主宰力的品牌之一，營收逾一百億美元。這段驚奇之旅一路走來，奈特收穫甚豐。其中行銷的價值，可以說是最寶貴的一課。數十年來，耐吉所生產的運動鞋品質出色，但在學會優異的行銷策略前，始終未能在國際鞋業嶄露頭角。耐吉在行銷這一塊，最大貴人應該算是一九八四年正式簽約合作的麥可・喬丹。一年後，耐吉推出Air Jordan系列第一代，短短兩個月的產品銷售額超過七千萬美元。自此，延攬頂尖籃球員，簽下代言合作，至今仍是耐吉的行銷要務。

二〇〇三年初，鞋業三大龍頭正醞釀一場搶人大戰。爭搶對象是即將加入市場的五名重要球星：科比．布萊恩從一九九六年進軍NBA以來便和阿迪達斯合作，當時跳出合約，無約在身。炙手可熱的還有坐擁數億中國球迷市場的姚明，姚明在前一年投身NBA時，已經和耐吉簽約。球星凱文．賈奈特也投入球鞋代言市場，先前配合的品牌則是相對較少人知的AND 1。然後則是早就捲起旋風的勒布朗．詹姆斯，以及卡麥羅．安森尼（Carmelo Anthony）[1]，兩人即將成為NBA新秀。勒布朗是史上最受矚目的高中球員，安森尼於紐約的雪城大學（Syracuse University）經歷一個球季後成為球星，帶領球隊擒下全美大學聯賽冠軍。

二〇〇二至二〇〇三年球季冬季時，奈特已對高層透露他想針對下一球季，一舉將這五名球員全數網羅至耐吉。當時的耐吉已經是全球運動鞋領導品牌，執籃球市場之牛耳，但左有市值近七十億美元的阿迪達斯，右有市值逾三十億美元的銳跑，兩雄環伺之下競爭激烈。論資金雄厚度，耐吉或許勝出，但要將五人一網打盡，代表銀彈攻勢必定此消彼長——畢竟耐吉不可能對五名球員都開出頂級合約。

二〇〇三年一月初，勒布朗的高中校隊飛往洛杉磯，參加加州大學洛杉磯分校（UCLA）的一場表演賽，地點在保利體育館（Pauley Pavilion）。這場對上橘郡（Orange County）強隊梅特德伊高中（Mater Dei）的比賽，由ESPN2轉播，也是勒布朗於一個月內第二次躍上全國轉播的舞台。對於勒布朗本人和同為聖文森—聖瑪莉高四生的隊友，這場比賽在個人生涯上別具意義。就讀高中前的暑假，勒布朗一行人含德魯．喬伊斯[2]（Dru Joyce）、席安．卡頓（Sian Cotton）和威利．麥基（Willie McGee），打進美國業餘體育聯合會（AAU）的全國冠軍賽，當時於奧蘭多舉行。他們最終鎩羽而歸，敗給來自南加州的球隊，而該隊幾位球員後來前往梅特德伊高中打球。因此，這場關鍵復仇戰頗有你死我活的味道。此外如果拿下比賽，可以躍上各類全國排名榜單的首位，因此勒布朗等人知道此役的重要性。然而，比賽那天晚上，競爭對手不是只有他們，耐吉和阿迪達斯也在較勁。

1 譯按：華語媒體圈較多音譯為「安東尼」，「安森尼」會較接近Anthony的實際發音。

2 譯按：原文全名並未寫明，此指暱稱「小德魯」的德魯．喬伊斯三世（Dru Joyce III）。

奈特親自出席，坐在籃框後面的位置。耐吉老闆本人來觀看高中層級的比賽，這幾乎前所未聞，以和同業較勁的爭搶代言大戰來說，更是如此。而他身旁是負責招攬勒布朗的耐吉執行長林恩．麥利特（Lynn Merritt）。

坐在球場另一端則是阿迪達斯執行長索尼．瓦卡洛，此行目的除了確保簽下勒布朗，也要讓前雇主兼勁敵的耐吉空手而回。這些年來，無論是平面或非平面媒體，都已對瓦卡洛的故事多有著墨，由於非本書重點，故也不贅述。簡單來說，他為大學和運動鞋公司物色運動員，退休前先後於耐吉、阿迪達斯和銳跑服務過。瓦卡洛的工作是資助大學教練，讓執教隊伍穿上他當時服務品牌的產品。過程可謂多贏，包括選手、教練、公司和瓦卡洛本人，都因此為荷包進補不少。至少瓦卡洛本人也對他的角色也直言不諱。

瓦卡洛在他當時生涯的工作階段中，常採用尊敵貶我的手法：他會形容阿迪達斯是不被看好的一方，在面談中讚美耐吉，讓自己乍看無法為又老又小的品牌阿迪達斯取得勝算。一九九一年，他和耐吉不歡而散，在耐吉工作期間，最備受讚譽的是幫助耐吉簽下改變公司命運的喬丹，儘管三十年過去，對於讓這筆合作成為定局的關鍵人物是誰，各方仍爭論不休。無論事實如何，離開耐吉十多年後，瓦卡洛的確幾次從老東家手上搶走球員。他先聲奪人，先和科比會面，打好關係，搶在耐吉下手之前簽走科比。之後在幕後佈局，讓科比前往洛杉磯湖人隊（Los Angeles Lakers），此舉讓阿迪達斯這間德國企業和大市場湖人結合。付給科比的保障金額是一年一百五十萬美元，可說相當划算。

隔年，瓦卡洛從他的夏季籃球營中，挖到另一位能從高中直接挑戰NBA的球星崔西·麥葛雷迪（Tracy McGrady），並在耐吉取得先機前就加以吸收。麥葛雷迪是有和耐吉會面，耐吉也提出報價，但他一方面忠於瓦卡洛，一方面阿迪達斯提供的保障金額每年二百萬美元，因此與耐吉的會面充其量出於禮貌。到了二〇〇三年時，科比和麥葛雷迪成了阿迪達斯籃球事業的行銷大將。耐吉手上還握有包括飛人文斯·卡特（Vince Carter）[3]在內的一群球星，但是在物色高中球員這一塊，瓦卡洛更眼明手快。

由於二〇〇一年春季的一場安排會面，瓦卡洛和勒布朗認識也早在耐吉之前。瓦卡洛在會面前看過一些勒布朗的影片，但並沒有為之驚艷。在勒布朗的高一球季過後，阿迪達斯和他

---

3 譯按：為和勒布朗好友馬威利克·卡特（Maverick Carter）有別，文斯·卡特在本書後文出現時也採全名音譯。

的所屬校隊合作，提供球衣和球鞋，總價一萬五千美元，事後瓦卡洛稱這是他談過最出色的合作案之一。勒布朗的高中球涯中，腳下的戰靴品牌總是阿迪達斯。儘管高四時開始穿上其他品牌，但基本上屬於阿迪達斯陣營（Team Adidas）。事實上，一開始時瓦卡洛和阿迪達斯並沒有認真看待勒布朗，勒布朗充其量只是他們四處撒網的對象之一。當時在俄亥俄州，並沒有多少青少年運動員能讓瓦卡洛看得上眼。

然而，勒布朗也努力拓展籃球視野，他在高二後接觸來自北加州的奧克蘭士兵隊（**Oakland Soldiers**），在一些錦標賽賽事中出場。奧克蘭士兵隊聲譽佳，這是勒布朗以局外人之姿融入的例子。當時運動員參加離家鄉有一段距離的AAU隊伍，雖然不到罕見，但是從俄亥俄州大老遠跑到加州投身當地球隊，卻是聞所未聞。

勒布朗在士兵隊表現亮眼，同樣也是陣中最出色的球員。其中兩名隊友日後也在NBA選秀中獲選：里昂．鮑維（Leon Powe）和肯德列克．柏金斯（Kendrick Perkins），並成為勒布朗的職籃隊友。鮑維效力騎士時，告訴我進入NBA前，就對勒布朗這位來自俄亥俄的球員感到驚艷，但在詢問他的一位教練後，獲知勒布朗所屬層級便開始鬆懈。在一些針對未來之星排名的雜誌中，鮑維是所屬層級中全美最被看好的球員，事後他得知勒布朗和他同齡，也知道最終會被勒布朗搶走第一的位置[4]。

美西征戰數次後，瓦卡洛的親信建議他找機會認識這位來自阿克倫市的年輕球員。對此瓦卡洛銘記在心，在舊金山大學（University of San Francisco）安排為期一日的特別活動，活動本質上就是要讓瓦卡洛親自看勒布朗本人。有著阿迪達斯支付行程費用（糟糕，又一次違反業餘運動規定），勒布朗、隊友喬伊斯、勒布朗的母親和高中教練基斯・丹布羅特（Keith Dambrot）一行人前往舊金山。

當天勒布朗一身行頭都是阿迪達斯，包括繡有姓名縮寫和二十三號的一雙戰靴。在招攬上，此舉並不多見。阿迪達斯的一位基層招攬人員克里斯・瑞佛斯（Chris Rivers）目光全放在勒布朗身上，並且想試著說服老闆瓦卡洛相信他的眼光。但有一個問題是，勒布朗並沒有全神貫注於該活動。他當時不過十六歲，有時漫不經心；體格正處於快速成長期，當時是六呎六

4 譯按：ＡＡＵ業餘聯賽會依運動員所在地區、水準和年齡等項目，劃分為多個賽區與層級。

吋，超過二百磅[5]；臉上冒出痘痘，髮型也稍走狂野風。他慢慢學會習慣眾人的招待和簇擁。他的性格……這麼說吧，可能也有點情緒化。勒布朗對活動並不在興頭上。當天，他不中意阿迪達斯提供的籃球褲。

第一場比賽中，勒布朗一直撥弄球褲，一下拉出球衣，一下塞回球褲，又再繫好。瓦卡洛從洛杉磯飛來，難道為了看這個嗎？他當時對勒布朗是有興趣，但不算青眼有加。活動未達到預期效果。第一場賽後，丹布羅特將勒布朗拉到走廊。走廊採光明亮，可眺望一部份舊金山的美麗市景，晴朗時，可以從該處越過山丘，看到海灣。牆上有一塊牌匾，表彰威廉·費爾頓·羅素（William Felton Russell），有史以來最偉大的球員之一。通稱為比爾·羅素（Bill Russell）的他，率領舊金山大學頓斯男子籃球隊（USF Dons），兩度奪得全國冠軍。勒布朗一行人此時所在的建築物，是舊金山大學戰爭紀念體育館（War Memorial Gymnasium），比爾·羅素從前是這裡的風雲人物。

丹布羅特將勒布朗拉到走廊的目的不是要講古。咆哮對他來說是家常便飯。丹布羅特身形瘦矮，一頭小捲髮、籃球場外的他，笑容可掬，有親和力，但一旦上場執起教鞭，氣質判若兩人。籃球場上的他總是怒氣外露：球員失誤時，會在球場上的硬木地板上跺著他的樂福鞋，常常目露兇光。勒布朗在高中受丹布羅特指導時，被他咆哮的次數數不勝數，使勒布朗惱怒……不，豈止於此。勒布朗討厭被吼，他從未被教練那樣吼過。而在這天下午，丹布羅特義正詞嚴，對勒布朗提出告誡。丹布羅特告訴勒布朗，他在搞砸機會；丹布羅特告訴勒布朗，他漫不經心；丹布羅特告訴勒布朗，此行攸關大筆金錢，對於一個彷彿受到眾星拱月（這樣講也不為過）的十六歲小鬼來說，這不會是三天兩頭就有的事；丹布羅特還告訴勒布朗，不要再撥弄他的球褲了。

勒布朗聽進去了。第二場比賽，勒布朗大展身手。他讓瓦卡洛讚嘆，特別是拋出一記七十呎長傳[6]，讓隊友直搗籃框。瓦卡洛事後多年，對於親睹此景津津樂道。誰知道長度真是如此？說不定隨著時間加油添醋。瓦卡洛欣賞勒布朗的球風，那場表演賽是為了瓦卡洛和勒布朗會面而安排的，而勒布朗在這樣的場合，會在場上設法找隊友配合，瓦卡洛欣賞這一點（儘管

---

5 譯按：各約二百零一公分、九十一公斤。

6 譯按：約二十一公尺。若是ＮＢＡ標準球場，長度為九十四呎，約二十八點七公尺。

那些在場的隊友，瓦卡洛沒幾個認識）。由瓦卡洛創辦的ＡＢＣＤ籃球營將於數個月後在紐澤西登場，瓦卡洛確定勒布朗會是屆時最能吸引眾家目光的要角，而這位新捧的球員，也將躍上全美舞台。

現在故事快轉到ＵＣＬＡ的那晚，瓦卡洛身旁坐著助手瑞佛斯，在白熱化的「搶詹大戰」（“get LeBron” mission）中，瑞佛斯早已是阿迪達斯的馬前卒。他在勒布朗高四時就搬到阿克倫市，為的就是能近水樓台，打好關係。瓦卡洛和瑞佛斯盯著另一端的奈特和麥利特，知道阿迪達斯握有優勢：他們認識勒布朗，他們認識勒布朗的母親，他們也認識傑克森，這位名義上的父親；他們和勒布朗聚餐。此外，瓦卡洛相信他們已經說服阿迪達斯德國總部高層，要提出史無前例的最肥合約，確保勒布朗成為囊中物。

可是麥利特也沒閒著。他在耐吉一待超過十個年頭，已經如同瓦卡洛，成為籃球界檯面下的有力人士。他為耐吉簽到小葛瑞菲（Ken Griffey Jr.），並對小葛瑞菲多有照顧；史考提・皮朋（Scottie Pippen）也是他找來的。一路走來，麥利特延攬許許多多運動明星，協助他們發展職涯。當瓦卡洛對勒布朗用套交情的老招時，麥利特下了一步不同的棋。

卡特和勒布朗在孩提時代就認識。卡特說他們在勒布朗參加他的七歲（或八歲）生日派對時認識。他們倆人的雙親有認識共同圈子的朋友，其中有一部分說白了，和毒品圈有關。卡特的父親歐提斯（Otis）因為毒品交易入獄過幾次；勒布朗的母親葛羅莉亞則多數因犯下輕罪，數次遭到逮捕。

卡特家族的長輩和這個圈子很有淵源，他自己也不避談這點。他的祖母對他早期生涯影響很深。外婆在自家開一間通宵達旦的賭博俱樂部。卡特時常出入那裡，他人生的第一份工作就是幫祖母打掃和跑腿。在卡特眼中，父親四處靠投機取巧賺錢，但卡特投以同情眼光。父親歐提斯仍有攢錢顧家，不忘將食物放在餐桌，卡特對此總是感到敬重。在祖母的賭博俱樂部內，他和很多這樣的年長男性打交道。

卡特十來歲時就開始賣大麻。當母親凱薩琳（Katherine）在他的夾克中發現藏匿的毒品時，她大發雷霆。凱薩琳畢業自阿克倫大學（University of Akron），選晚上的課拚完學業，一路苦讀，並且擔任社工數十年，為當地社區貢獻心力。她要求卡特生活回到正軌，否則只會步上父親後塵，落得吃牢飯的下場。

母親這一番喊話，加上其他勸阻，成功讓卡特回歸正途。當時，卡特於聖文森—聖瑪莉高中就讀高四，是美式足球隊和籃球隊的球星，而且已經獲得西密西根大學（Western Michigan University）的全額獎學金。勒布朗高一時，卡特是校隊隊長，領導能力出色，具有穩定隊上情緒的特質。我先前看過他在高中打球，我敢說他當一名美式足球的外接手（wide receiver），會比在籃球場上當大前鋒還出色（雖然以籃球而言，更有價值的算是他的帶隊能力）。就此而言，卡特有父親的影子：卡特有辦法處理棘手情況。儘管母親凱薩琳往往不認為丈夫歐提斯是好榜樣，但卡特從父親身上學到的事物，造就了他日後的特質。

在勒布朗和卡特同隊的唯一球季，曾面對一次重大處境，形同未來兩人角色的縮影。那是俄亥俄州的八強賽，在當地簡稱為區冠賽。比賽舉辦地點為坎頓紀念球館（Canton Memorial Fieldhouse），這座老場館位於職業美式足球名人堂（Pro Football Hall of Fame）隔壁。對手是克里夫蘭市（Cleveland）的籃球強權維拉安吉拉—聖約瑟夫高中（Villa Angela-St. Joseph High School）。這所學校培育了許多球星，包括克拉克．凱洛格（Clark Kellogg），被譽為俄亥俄州史上的最佳球員之一。

一場比賽中，雙方緊咬比分，卡特於第四節一開始時犯滿離場。重擔落到勒布朗的肩上。

卡特將勒布朗拉到一邊，告訴勒布朗，他有能力帶領球隊邁向勝利。勒布朗的能力受到懷疑，這乍聽荒唐，但當時不過十五歲的他，曾有過幾段期間，比賽時只能作壁上觀。高中教練丹布羅特有時在半場休息時語帶激昂，目的之一就是想從勒布朗身上激發出關鍵先生的潛力。卡特的耳提面命最終奏效：比賽最後七分鐘，勒布朗在場上穿針引線，繳出另人驚艷的表現，球隊也獲得勝利。

卡特繼續攻讀大學，計畫畢業後進軍職籃，但招募卡特的教練遭解雇，使他的上場機會不多，場均僅二分，球隊戰績七勝二十一敗。當卡特該季前往密西根州立大學（Michigan State University）和印第安納州立大學（Indiana State University）比賽時，他發現自己技不如人，因此冷靜認清事實。最後，他沒有當職業選手。這是多數大學運動員最後會面對的現實，但令人欣慰的是，卡特很早就認知到這一點。度過令人失望的大一生涯，他轉學到阿克倫大學，丹布羅特於此擔任助理教練，將卡特列入輪值名單中。

由於NCAA的轉學相關規定，卡特必須先坐一季板凳。額外好處是，他回到家鄉，也回到從前和勒布朗每日相處的日子。當時是二〇〇一年，這是命運的一年：勒布朗的名字傳至全美球界，周圍的人開始對他的球涯有所盤算；鞋業高層開始湧入阿克倫市，展開延攬計畫。麥利特即為其中一人。他參加比賽，坐在觀眾席，賽後伺機而動，想認識勒布朗的親友。麥利特不但很快就發現卡特的重要性，也了解到卡特對籃球和勒布朗生涯都有自己的看法。麥利特下了一步棋，事後證明這一著至關重要：他為卡特提供實習機會，地點就在奧勒岡州比佛頓市（Beaverton）的耐吉總部。

麥利特很中意卡特，並且喜歡卡特，但說穿了這只是醉翁之意，他的主要目標是建立接近勒布朗的機會。這不是新招了：每當耐吉想找運動員代言，就會先從親信或至少有關係的人下手。一九七〇年代，奈特處心積慮想簽到美國長跑名將史蒂夫．普利方坦（Steve Prefontaine），讓他的雙腳穿上耐吉跑鞋，於是他安插一位耐吉員工擔任「開路先鋒」，執行前導工作。即便如此，一些耐吉高層很驚訝看到卡特來到耐吉本部。一般來說，耐吉的實習生通常不是來自哈佛商學院，就是奈特就讀的史丹佛商學研究所，不會是阿克倫大學。

卡特野心勃勃、頭腦聰明。處理所交辦的實習任務時，他往往會找機會和公司的大頭們相處，藉機熟悉工作流程和業務邏輯。被安排和卡特共事的耐吉員工中，有一些人眼光較高，會認為和他共事是一種屈就。這是卡特往後十五年都在對抗的刻板印象，但他當時就開始展現實力。卡特曾經引用亞伯特・愛因斯坦（Albert Einstein）的一句話：「我沒有特殊天分，我只是好奇心旺盛。」（I have no special talent. I am only passionately curious.）。卡特認為這句話點出心境，當作某種座右銘，或用來讓人卸下心防。無論是對人或對己，他開始將這句話掛在嘴邊，大抵奉為圭臬。

卡特取得實習機會時，便下了棄籃兼棄學的決定，好為勒布朗進軍職籃時的工作展開準備。兩人先前已有共識，卡特要去勒布朗選擇的球鞋代言廠商就職，成為內部親信。勒布朗高中時，當談到對商場的看法，他會視情況假裝所知不多。他的確經驗不多，但絕非渾然無知。當時十七歲的他懂得在企業內部安插卡特作為自己人，代表已經在鋪陳日後權力在握的階梯。

耐吉還有另一位盟友，而且這位盟友不是省油的燈。十六歲時，勒布朗和卡特去芝加哥打一些非官方比賽，其中有ＮＢＡ球員出賽。來自俄亥俄州的勒布朗表現出色，獲得關注，也為自己敞開了幾扇大門。當時訓練地點在位於風城外圍的籃框球館（Hoops Gym），場館經營者是頗負盛名的訓練師提姆・葛洛佛（Tim Grover）。一天，葛洛佛交代勒布朗在訓練後不要走遠，接著開來一輛高級跑車，出來的人是麥可·喬丹。勒布朗和卡特目瞪口呆。喬丹來訪目的是進行一些訓練，訓練帶有部分秘密性質，為了最後的回歸NBA之旅展開準備。那一天，他和勒布朗有二、三十分鐘的時間認識彼此。不用說，喬丹是勒布朗的偶像，因此過程中勒布朗激動得無以復加，喬丹將自己的手機號碼告訴勒布朗時也是如此。往後幾年，當喬丹和所屬華盛頓巫師隊（Washington Wizards）造訪克里夫蘭打客場比賽時，他會來找勒布朗，關心近況。在勒布朗高四那年春天，他獲喬丹邀請去打一場年度高中全明星賽，地點在華盛頓特區，兩人因此有更多機會相處。能有機會親近喬丹這位算是史上最具指標性的耐吉代言人，為耐吉添了搶奪大戰的籌碼。

瓦卡洛的確是先馳得點，先和勒布朗打好關係，讓他的球衣和球鞋穿上阿迪達斯品牌，但麥利特和耐吉也在背後步步進逼。而勒布朗深知一個道理，就是先別過於靠攏任何一邊。在他高四前的夏天，他同時去紐澤西參加瓦卡洛的ABCD籃球營，也在七月的同一週，前往敵對陣營耐吉的全美籃球營（All American Camp）。在這兩場活動之前的同一年春天，他在芝加哥的錦標賽中扭傷手腕，而且還在養傷，所以兩個籃球營期間他都沒有上場，但勒布朗有在兩場活動中舉辦記者會。當他在阿迪達斯籃球營時，他穿上耐吉的球鞋；當他在耐吉籃球營時，他穿上阿迪達斯的球鞋。搶詹大戰在此刻已是如火如荼。

在洛杉磯的一月那天晚上[7]，勒布朗的表現不到個人水準：包括八記三分球在內，整場共十五球失手。一個月前，他才在克里夫蘭一場對上橡樹山學園的比賽中，繳出讓全美電視觀眾驚艷的表現，相較之下，這次成績相對沉寂，但仍有二十一分外加九籃板、七助攻的表現。他的幾次精彩攻防包括一記跨下傳球，一看就知道會被剪進《SportsCenter》節目的精華片段。UCLA校隊棕熊隊（Bruins）表現乏善可陳，而這一場比賽，現場湧入一萬二千名觀眾，是該季保利體育館迎來的最多人數。勒布朗的球隊以六分之差取勝，也於隔週確實登上《今日美國》（*USA Today*）的首位排名，而真正重要的比賽在後頭。

銳跑認真加入搶詹大戰時，已經落後於耐吉和阿迪達斯。就打好關係這一塊，銳跑並未如這兩間先打底或投入前導工作。銳跑手上有的籌碼，是八竿子打不著關係的威廉・衛斯理

7　譯按：指在保利體育館對上梅特德伊高中的比賽。

（William "Wes" Wesley），簡稱「威斯」（Wes）。衛斯理和費城七六人隊（Philadelphia 76ers）球星艾倫・艾佛森（Allen Iverson）是至交。當時，艾佛森是銳跑籃球商品的門面。外界開始較認識衛斯理，是二〇〇四年底特律活塞隊和印第安納溜馬隊那次場上大亂鬥時，衛斯理介入幫忙，將羅恩・阿泰斯特（Ron Artest）拉開球場，身上西裝還遭憤怒球迷潑灑啤酒。然而，衛斯理在籃球界中介入操作早就不是新鮮事。據經紀人和聯盟高層表示，二〇〇五年前後數年間，有一段期間衛斯理可以說是美國籃球界的最有力人士之一。

衛斯理擅長與年輕球員交好，為球員本人與其家人提供幫助，籠統地說，他在談約時擔任穿針引線的角色。他將運動員稱為「侄子」，有一些運動員會反稱他為「叔叔」。於是有一些故事傳開了：一邊說他保釋欠了一屁股賭債的運動員，一邊說他會安排抵押貸款，另一邊又說他會搭私人班機，專程為明星運動員和教練之間的爭執居中協調。無論怎樣定義衛斯理的角色，他受到ＮＢＡ球員信任，大學和職業球團教練也敬重他。無庸置疑，衛斯理長袖善舞。拜耐吉之賜，喬丹和勒布朗密切搭上線；而勒布朗還有另外一位心目中的英雄，由衛斯理安排介紹：嘻哈天王Jay-Z。

衛斯理頗有交情的球員之一是達胡安．威格納（Dajuan Wagner）。達胡安的關係更甚「侄子」，他是衛斯理的乾兒子。勒布朗高四那年，適逢達胡安的ＮＢＡ菜鳥球季，效力克里夫蘭騎士隊。達胡安的父親米爾特．威格納（Milt Wagner）曾為ＮＢＡ球員，與衛斯理相識於高中時期。隨著米爾特一路進軍職籃，衛斯理開啟成為知名籃球經紀人的道路。衛斯理之後幫助費城地區的律師里昂．羅斯（Leon Rose）成立運動經紀事業。羅斯後來成為ＮＢＡ頂級經紀人之一，衛斯理功不可沒。羅斯也擔任威格納的經紀人。在這些層層關係的發展後，衛斯理於二〇〇二至二〇〇三球季間，在克里夫蘭花費許多心力為達胡安提供支援。

同時，在同一球季，勒布朗偶而晚上有空時，會造訪克里夫蘭，觀看騎士隊比賽。他在騎士場館獲得熱烈歡迎，甚至獲准進去球員休息室。該季騎士隊戰績不佳，故意擺爛，想增加選秀時得到勒布朗的機率。實際上，時不時穿著高中棒球夾克現身於騎士休息室的勒布朗，已經可以說是休息室內最出色的球員。勒布朗高三時，當時的騎士教練約翰．盧卡斯（John Lucas）會讓勒布朗在場館中訓練。由於違反選秀規定，ＮＢＡ聯盟發現時，還對盧卡斯祭出禁賽兩場的罰則，並對球隊罰款十五萬美元。儘管如此，還是能在場館周圍看到勒布朗的身影。

於是衛斯理得以近水樓台，他有了機會能接近勒布朗本人和親友，並打好關係。衛斯理如何取得酬勞，又於何時和誰合作，外界無法得知，但他固定試著幫羅斯招攬運動員客戶。羅斯是艾佛森的經紀人，而且於二〇〇一年時，為銳跑和艾佛森簽下一紙終身合約。當銳跑招募團隊搭乘私人專機降落阿克倫市，準備對勒布朗祭出關鍵的銀彈攻勢時，衛斯理即為機上一員。

然而，銳跑能獲選為第一支對勒布朗進行簡報的公司，不是沒有原因的：因為銳跑要迎頭趕上的空間最大。在該年[8]年初，銳跑對科比．布萊恩提出提出一張頂級合約，據報導價值高達每季一千五百萬美元，而在此數個月前，科比已經付了八百萬美元，讓自己跳出阿迪達斯的合約。當時已經握有三枚冠軍戒指的科比，是市場中沒有球鞋代言合約在身的大牌球星，在球季中換穿不同品牌，不過科比和銳跑的談判破局，最後投向耐吉懷抱。在勒布朗經紀約爭搶中勝出的經紀人亞倫．古德溫（Aaron Goodwin），之所能獲得勒布朗青睞，部分原因是古德溫談成過幾筆大型球鞋代言合約。古德溫知道銳跑出局，拿不到科比代言，便擬定策略，準備引爆一場開價大戰。失去科比的銳跑，很明顯急於簽下另一位球星，古德溫因此希望銳跑在搶詹大戰中開第一槍。在和銳跑高層談話時，古德溫清楚聲明，勒布朗期望得到一張大約，希望銳跑鄭重評估。

不用說，看到銳跑端出如此有誠意的價碼，勒布朗和麥利特與瓦卡洛搭上線後，會想知道他們是否會跟進，提出同樣等級的報價。事情至此，中間經過漫長發展，儘管先前每個人都在猜事態會如何發展，但目前浮出檯面的金額已經高於各方預料之外。耐吉和阿迪達斯是他夢寐以求的品牌，但此時他也第一次了解到，和其他廠商合作，不是沒有可能。

瓦卡洛則先前便已暗示勒布朗，阿迪達斯開出的是一億美元的保障合約，為期十年，每年一千萬美元。這麼具有魔性的神奇數字，即使多年後回頭看，固然仍是讓人難以想像的指標性價碼，但三間大廠擠破頭搶搖錢樹，讓勒布朗得以對這場歷史性交易運籌帷幄。瓦卡洛如果贏下，他的出色經歷將能錦上添花。

瓦卡洛這一端鴨子划水，準備數月，也和公司的最高層報備，一切安排妥當，就是為了畢其功於一役。這一役，指的是早已投入大筆金錢的週末會面。阿迪達斯派遣一架私人專機來接送勒布朗與其數名好友，這一天是週五，兩天前勒布朗才剛和銳跑會面。一行人抵達後，當晚

---

8 譯按：原文敘事時序較為跳接。此指二〇〇三年，非前段二〇〇一年。

獲安排坐在一場湖人季後賽的場邊第一排座位。紫金大軍獲勝，擊敗聖安東尼奧馬刺，腳穿喬丹鞋款的科比大砍三十九分。隔天，阿迪達斯租了一棟位於加州馬里布市（Malibu）的豪宅，可眺望太平洋海景，一行人在此聽取簡報。

阿迪達斯準備了一切讓人砰然心動的事物：別緻的簡報、勒布朗鞋款的試作品，以及日後的行銷策略。然而銳跑早已改寫了這場比賽的玩法，因此當阿迪達斯給的價錢浮出檯面時，問題來了：價格不到一億美元。根據德國總部最後點頭的價碼，阿迪達斯縮手了，給出的數字遠遠不到原先的保障金額。如果加上獎勵條款和權利金分成，可能在特定情況下超越一億美元，但保障金額本身還不到六千萬美元。在銳跑之前，這筆數字不俗；但在銳跑之後，已經算是小巫見大巫。人人心知肚明，場面空氣凝結。瓦卡洛以個人身份，對勒布朗與其母親道歉。他垂頭喪氣、心灰意冷，不僅僅因為他知道自己在搶奪大戰中出局，還因為他當場尷尬難堪，因為他的大頭們沒有挺他。那一天，他決定要離開阿迪達斯，不到兩個月就遞出辭呈。勒布朗則搭機回家，在艙內想著銳跑和那一億美元。

隔週週五，另一架私人飛機預計抵達阿克倫接勒布朗與其家人。這架專機為耐吉所有。對於耐吉來說，在搶奪大戰中壓軸登場別具意義。耐吉希望如此，才能獲得更好的談判主導權，但這一招伴隨多弊，特別是耐吉有著別具風格的談判手法，因為他們不喜投入競標戰。拜其出色產品、品牌打造與行銷能力所賜，耐吉簽下的運動員中，通常最後價碼少於對手所開的價格。運動員都希望成為耐吉陣營的一份子。而在勒布朗預計來訪的一週前，耐吉總部園區所在的比佛頓市才剛迎來卡麥羅．安森尼，一天內結束代言簡報、磋商和協議。

勒布朗手上握有銳跑提出的報價，希望這次長途跋涉之前先能獲得一些保障。他常常和麥利特談話，但麥利特並未給出任何數字；無論高低，勒布朗會希望先聽到一個價碼。事實上，麥利特的任務是建立關係，然後為耐吉簽下運動員，決定價碼不是他的工作。阿迪達斯高層評估過後，認為勒布朗的商業價值不值得一億美元，而耐吉高層做了相同功課，也有相同考量。

多年來，耐吉在年報中有一條會計科目稱為「需求創造費用」（Demand Creation Expense），泛稱公司針對代言合約、行銷和廣告的花費。一般而言，耐吉會將其花費控制在營收的一一%至一二%。依此反推，勒朗的代言合約如果開出一億美元，則針對勒布朗代言鞋款和球衣，耐吉要將合約期間的營收設定為八億五千萬美元左右，這是一筆大數目。當這數字化為合約上的白紙黑字時，阿迪達斯執行長（CEO）赫爾伯特・海納（Herbert Hainer）不想賭上一把；耐吉的菲爾・奈特也到了要想破頭的時候。

簽代言的判斷標準沒有是非對錯。耐吉業績出色，若能搶到勒布朗，也會是好事一樁，而這無法用數字衡量。一方面，耐吉的「需求創造費用」預算在二〇〇三年超過十二億美元（二〇一七年時是三十六億美元）。二〇〇三年春天，正當耐吉設法爭取這些無約在身的籃球員時，針對運動鞋業競爭對手Converse的併購案也談到尾聲，以總價三億五百萬美元現金收購。一切息息相關，但就勒布朗的代言案而言，耐吉固然想簽下，但只想把錢花在刀口上。

在這樣的的態勢下，勒布朗偕同母親再次前往聽取簡報。卡特也加入，回到耐吉總部園區。勒布朗因為學校課業之故，直到週五下午才能成行，因此簡報在週六展開。這對於耐吉來說並不多見，這樣的簡報通常只選平日。與談地點在新落成的米婭哈姆大樓（Mia Hamm Building）[9]，建物風格洗鍊，綴以綠色玻璃窗，為園區最大建築物。為簡報錦上添花的還有特製照明、影片，以及以藝術風格布置的產品。耐吉還做了一件最別出心裁的事：唸詩。耐吉請來一位詩人，為勒布朗朗讀專為他創作的詩。這個創意來自威登與甘迺迪公司

（Wieden+Kennedy）。威登與甘迺迪是位於波特蘭的創意設計廣告公司，過去多年來耐吉的優異行銷多數出自其手。耐吉還提供許多勒布朗鞋款的可能樣式，以及專屬系列中球衣、球褲和籃球襪的可能造型。其中一項以獅子為主題，取「詹皇」（King James）綽號的意象，勒布朗對此青眼有加。從週邊商品到工時等各項層面來看，單是這一次簡報，一些耐吉高層推估斥資數十萬美元。接著眾人開始談約。通常在談約時，經紀人會進到會議室談判實際價碼和條款，運動員不會在場。此時經紀人古德溫在場，律師弗烈德．許萊爾（Fred Schreyer）也在場。許萊爾先前於耐吉服務，當時是美國職業保齡球選手協會（Professional Bowlers Association）主席，但古德溫聘請他為談約助拳。耐吉方的代表人是兩位高階行銷主管拉爾夫．格林（Ralph Greene）和亞當．赫凡特（Adam Helfant）。

然而，劇本開始產生變化。實際談約時，勒布朗也想在場，耐吉對此始料未及，而且他還希望母親葛羅莉亞也在場。再怎麼說，銳跑談約時有讓勒布朗母子一同參與，再掏出一千萬

9　建物以美國前女足國腳米婭．哈姆（Mia Hamm）為名。

美元的支票。勒布朗儼然希望耐吉給出同級價碼，但這並非耐吉的談判風格。眾高層前去和同在簡報現場的奈特商談，奈特同意勒布朗偕同母親進到會議室。合約內容並未讓母子兩人喜出望外，保障金額接近七千萬美元。至於簽約獎金方面，耐吉聽到一千萬美元的風聲，也打算依樣畫葫蘆……但這葫蘆可能只有半顆。耐吉沒有計畫直接將獎金數字告訴勒布朗：簽約時是五百萬美元，另外還有五百萬美元則是日後款項的一部分，於完整代言合約準備就緒時支付。另外，會議桌上看不到支票。看到合約內容，葛羅莉亞淡定以對。隨著簡報內容層層堆疊的期待，不一會灰飛煙滅。

為了更加了解這張合約的價值，可以比較其他運動員：老虎伍茲（Tiger Woods）的第一張耐吉合約價值三千五百萬美元，科比同年與耐吉簽訂的代言價碼則是四千萬美元。耐吉給勒布朗的價碼其實非常優渥，只是銳跑更勝一籌。後續談約並不順，會議結束後，勒布朗離開總部，從會議結果來看，他不會為耐吉代言。會議的數個月前，美林證券（Merrill Lynch）的一位股票分析師針對耐吉發布投資建議，這份建議的前提是耐吉會簽下勒布朗。於此同時，勒布朗的律師發布一份否認聲明，因為他想讓競標繼續。耐吉的盤算是交易成功；即使無法網羅，也只希望股價暫時下跌。那天晚上，勒布朗去麥利特的住處。所有人都感到事情發展黯淡。麥利特有一股不祥預感，他和勒布朗往後不會再有這種交心時刻。他們相處下來，有了類似固定聚會的習慣。勒布朗和麥利特十多歲的兒子成了朋友，他們會一起打電玩。儘管如此，當麥利特在週日為勒布朗送機時，心中並不看好耐吉能簽到勒布朗。

古德溫想於隔週三讓合約塵埃落定，這是因為NBA樂透籤的抽籤日將於當週週四在紐澤西展開，勒布朗當天晚上就能知道新賽季的東家：他可能落腳紐約尼克隊（New York Knicks），位於市場規模巨大的大蘋果，或是去屬於小市場的曼菲斯灰熊隊。古德溫不想要讓所屬球隊的市場規模成為合約的變因，並且，先設定簽約的底線日，能促使各公司提出最佳報價。週一上班日，耐吉員工早上來到公司，盼望聽到前一週末談成的好消息。招攬簡報是逾百名員工的心血，其中有一部分熱切盼望能歡慶勝利。當他們來到行銷高層辦公室所在的約翰麥肯羅大樓（John McEnroe Building）時，卻發現事與願違。玩財金的人這麼比喻：「我們和銳跑之間的Δ（delta）值很大。」換句話說，耐吉的出價條件不如銳跑，而且勝算正惡化中。通往勝利的大門固然還沒關上，路途卻已卡住。耐吉是想提高價碼，但希望古德溫先還價，而古德溫不願如此。雙方這一番小鬥智一來一往就拖了二十四小時，麥利特終於成功使古德溫讓步，但還遠遠稱不上達到共識。

於此同時，古德溫和銳跑保持聯絡，銳跑嗅到了成交的可能性，再下一城，合約價值最終超過一億美元。根據知情人士指出，包括簽約獎金和其他方案在內，這一份對勒布朗提出的最終代言合約包裹，總價約一億一千五百萬美元，已經突破天際。該週週二，銳跑和古德溫已有足夠共識，便安排各方當事人飛來勒布朗家鄉阿克倫市，讓合約正式定案。銳跑盼一舉成功，畢竟公司高層和律師來到阿克倫市，不是來文書處理的。

此時，還沒確定是否成為億萬富翁的勒布朗已先當上百萬富翁。古德溫搞定了勒布朗的第一紙代言合約，對象是紀念品和球員卡廠商Upper Deck，內容是一份為期多年的合約包裹，價值六百萬美元。古德溫安排了位於阿克倫市區麗笙酒店（Radisson Hotel）的套房，勒布朗簽字後，Upper Deck派出的代表遞上一張一百萬美元的支票，作為簽約獎金。勒布朗將支票對摺，放入口袋，彷彿這是習慣動作，之後離開飯店回到學校。這一樁樁事情開展時，勒布朗正與好友度過高四的最後時光，那是他想珍惜的一段日子。

然而，勒布朗還有一件事情縈繞心頭。合約數字是清楚了，他坐著，知道數週後可能成為銳跑代言人，但他沒有那麼愛銳跑的球鞋。早些年前，銳跑代言人之一的尚恩・坎普（Shawn Kemp）接受報社記者訪問時，說穿上銳跑球鞋打不好比賽，以「穿一次就該丟」（throwaways）的評語批評銳跑球鞋。銳跑控告坎普，但坎普沒有收回他的話。在勒布朗的夢想中，向來是穿上耐吉品牌，和耐吉設計師搭檔，成為耐吉酷炫廣告中的一員。

話雖如此，銳跑的報價最後可是超過一億美元。這筆數目足以讓勒布朗將一切遲疑拋到九霄雲外。耐吉勢必有能力跟進銳跑的報價。對於耐吉的最終營收損益而言，這筆數目造成的影響固然不大，但耐吉仍有許多其他代言案待操作，仍有許多其他運動員待合作，因此必須控管營收損益的幅度。話又雖如此，勒布朗擘畫的戰服藍圖中，穿上的總是耐吉；他夢想出現在耐吉廣告；他想要成為喬丹一般的代言人；他想要和耐吉合作。以勒布朗的說詞來講，他想成為耐吉大家庭的一員。部分原因是喬丹的輝煌代言傳奇；部分原因是耐吉打造品牌的優異本事；部分原因出於自尊，因為勒布朗想要穿上耐吉的勾勾標誌；另外部分原因是麥利特，他已經贏得了勒布朗的信任。

時間到了週三，銳跑下榻市區旅館，準備簽妥代言合約。古德溫回頭聯絡耐吉，並且或多或少透露勒布朗傾心於耐吉一事。如果耐吉能向上修正報價，並且同意若干內容，那麼合約簽字水到渠成。知道耐吉還有勝算後，兩位高層赫凡特和格林喜出望外。奈特接獲電話通知，他正在紐約參加傳奇運動經紀人馬克・麥考康梅克（Mark McCormack）的喪禮，他授權調高報價。正當銳跑高層等待的當下，夜幕也正要拉下，此時敵手耐吉正在擬訂一份條款清單。當赫凡特和格林擬妥時，奈特準備搭機從紐約飛往他位於加州棕櫚泉市（Palm Springs）的家，將有六小時處於無法聯絡的狀態。

這一切之後，勒布朗同意耐吉的報價：七千七百萬美元保障合約，為期七年，附加一千萬美元簽約獎金，整份合約包裹總值來到八千七百萬美元。耐吉高層傳真條款清單，請勒布朗盡快回傳。他們來回踱步，在傳真機旁等候簽有勒布朗名字的合約。勒布朗來到旅館，並沒有去見銳跑的人，反而去找經紀人古德溫和律師許萊爾，簽下了他生命中最重要的文件之一。古德溫下到飯店大廳，告訴銳跑高層這項消息。他們怒不可抑，銳跑形同斡旋用的棋子，大老遠飛來，直接被當作棄子，連再跟進報價的機會都沒有。銳跑高層怒火中燒。

從古德溫的立場來看，他認為一切秉持誠實信用的原則。他原本始終認為談判對象都是銳跑。如同史陶德，這位想大灑銀彈好立刻擄獲勒布朗的前音樂界高層，古德溫從未看過談判桌上出現如此天文數字，尤其談約的對象還不到二十歲。最終，勒布朗這位客戶心心念念的代言，古德溫為他爭取到了：和耐吉簽約，並且盡可能獲取最高額報價。合約價格實際上遠高於奈特先前同意的數字，報出最後價碼時，耐吉高層有一點擔憂。當奈特下機後回電，對於贏下代言案樂不可支，開心到甚至之後不敢提自己當初多麼欣喜若狂。

若以長久的眼光來看，勒布朗的權利金入帳後，透過耐吉代言合約賺到的錢已經遠大於帳面價值，收益超過一億美元。消息一曝光，多家媒體報導的合約價格是九千萬美元，相關新聞在籃球媒體颳起一陣旋風，當然二十四小時新聞節目和全國報紙也大肆報導。如此令人瞠目結舌的數字，自然成為茶餘飯後的話題。新聞節目實況報導，社論頁面專欄討論等族繁不及備載。NBA球員之間也引發討論。勒布朗成為喬丹以外的最有身價球鞋代言人，他的代言身價是科比新約的兩倍，而科比可是NBA的門面之一。

隔天，銳跑股價下跌。銳跑端出最高報價，而且贏面看俏一事，在該週早已走漏。銳跑為此感到有必要發出聲明：「我們相信勒布朗．詹姆斯對於銳跑而言是重要資產，爭取長期合作機會的相關費用遠超出我們的投資金額預算，銳跑的最大對手在最後關頭提出更高報價，本公司針對公司本身和股東的最佳利益，展開慎密評估後，決定不跟從對方的報價……本公司對於銳跑的成就感到高興，同時樂見在我們近來不遺餘力造成的壓力下，最大的競爭對手提出如此鉅額的代言價碼。」

這份聲明相當驚人：一間跨國企業因為無法簽到一位不到二十歲的代言人，必須特地聲明。然而內容有誤，因為銳跑才是更高價的那一方。當他們看到新聞報導合約價值九千萬美元，即使並非完全正確，銳跑高層也了然於胸。總之，在面子上，耐吉被銳跑吃了豆腐。

在此之後，勒布朗和耐吉之間的關係固然有起有落，雙方至今大致合作愉快。有一些精彩的行銷手法，包括騎士隊主場快貸球場（Quicken Loans Arena）外面張貼的兩幅巨型看板，成為勒布朗生涯的廣告代表畫面。勒布朗十分喜愛第一幅看板，寫著「我們都是見證者」（we are all witnesses），畫面以黑白色調呈現。他甚至因此在小腿刺上「見證」（witness）一字。雙方至今已大把鈔票入袋。勒布朗總共獲利數億美元。

當時，勒布朗必須對耐吉有一定程度的信任：勒布朗生涯初期不順時，耐吉會支持他；代言運動員為數眾多，耐吉會以勒布朗為主打；耐吉為勒布朗打造的鞋款不只要好看，也要好賣，更要他本人覺得好穿；耐吉要為勒布朗製作讓人過目不忘的廣告，一如喬丹的代言廣告。簡單來說，此時不到二十歲的勒布朗，喜歡將棒球帽反戴，說著不登大雅之堂的笑話，和朋友出遊，卻也是該為長久之計打算的時候，不是因為別人耳提面命，而是因為他自己有所體悟。這不是一般十八歲青少年必須考慮的問題。然而，對於一位即將進帳大筆財富的青少年來說，要他好好想想合約走完時的目標，已經夠勉為其難，更別說要他思考高掛球鞋時的人生規劃。

是的，勒布朗挑中耐吉，因為他喜歡耐吉，而且認為幫耐吉代言是很酷的事；他挑中耐吉，是因為從小就看到喬丹穿耐吉，他想效法自己的偶像；他挑中耐吉，是因為他相信耐吉會為他打造優異的廣告，並設計出有流傳性的行銷活動；他挑中耐吉，是因為他認為耐吉會為他製作最出色的鞋款。然而，還有一個原因是，勒布朗在關鍵的抉擇時刻，他看中品牌的經典性，而非將品牌視為一大棵搖錢樹。

從中可以看出，勒布朗生涯後面所做的商業決策中，背後的決定因素會是價值體系和直覺。過些年後，銳跑由阿迪達斯收購；再過些年後，銳跑籃球部門縮編至極小規模。勒布朗更關切的是代言對象所能賦予他的經典性。經典性應該是最雋永流傳的事物，卻佚失於一串串數字背後的操作和影響中。

這經典性，連同一千萬美元支票，隨著FedEx快遞抵達。

二〇一八年，勒布朗如是說：「和耐吉簽約，是我人生的最佳商業決定。」

第四章——四騎士

音樂震耳欲聾，在臨時舞台上，主持人對著麥克風吼叫，台下也聽不到。霓虹燈光旋轉，打在牆壁上，穿著清涼的年輕女性在臨時架起的伸展台上走秀，架式十足。其中一位模特兒的T恤圍繞上衣繫著，以另類方式展現勒布朗．詹姆斯的耐吉球衣。T恤折疊，圍繞在胸部，露出英文「King」（皇帝）的字眼。

當她轉身對觀眾展示時，結鬆開了。這是意外或是走光，至今仍是未知，但的確為舞台隔壁擠滿的青少年帶來意想不到的表演。

時間是於二〇〇三年十二月中的一天晚上，地點在北費城。寬街（Broad Street）上的一間大型鞋店搖身一變，化為耐吉的展演場。耐吉選了這樣的時間和地點，推出勒布朗的首款球鞋，英文名稱為「Zoom Generation」。聲音嘈雜，夜色昏暗，以一場活動而言，人潮和目光的聚集效果差強人意。費城當時是艾倫．艾佛森的地盤[1]，在冬天的週四晚上選擇費城辦代言活動，對於銳跑和艾佛森而言，有點令人費解。

1 譯按：艾倫．艾佛森於一九九六至二〇〇六年效力於費城七六人隊。

在勒布朗與耐吉合作的最初幾年時，這是具有代表性的一刻。勒布朗希望將自己建立為一個品牌，並兼顧球員身分，在運動行銷會議中也數度討論此事。合作上有許多酷炫的精彩成果，進帳豐厚，但執行面上卻是斷斷續續。

鉅額的耐吉代言案落幕後，經紀人古德溫和勒布朗的代言目標轉向飲料業。這在運動界司空見慣：以高爾夫球星而言，代言項目會是球和球桿；籃球球星就是球鞋和飲料。一如球鞋，多家飲料廠爭相代言。飲料業界最負盛名的兩間企業百事可樂（Pepsi）和可口可樂（Coca-Cola）對於請勒布朗代言興味盎然。

麥可・喬丹長期以來是百事可樂與其品牌開特力（Gatorade）的門面，曾於一九九〇年代中期，推出經典的「Be Like Mike」系列代言廣告。開特力也是NBA聯盟的官方飲料贊助商，比賽時常可看到場邊NBA球員座位人手一瓶。

可口可樂則是以雪碧（Sprite）品牌，對聯盟提供汽水贊助。雪碧的客層為兒童和青少年，這點特別增加勒布朗的吸客力。NBA全明星週的灌籃大賽是聯盟的指標活動之一，其中雪碧品牌置入隨處可見。

然而，還有一位競爭廠商，位於紐約皇后區。這間廠商名為「Glaceau」，旗下有一產品稱為「VitaminWater」，二〇〇三年時才推出剛滿三年，但成長快速，年銷售額逾一億美元，銷量驚人，但即使是百事可樂和可口可樂旗下的最小品牌與之相較，Glaceau仍是遜色。說穿了，新創公司Glaceau無法給出同業巨頭的同等級代言價碼。Glaceau將VitaminWater的銷售通路鎖定在紐約與其周遭的健康食品市場和熟食店，在當時盼尋求突破口，走出利基型健康產品的模式，因此希望請到勒布朗代言，切入此一需求，但希望渺茫。

Glaceau無法奉上一大筆保障金額，倒是開出了有辦法給的條件：公司股份。如果勒布朗成為品牌的門面，幫助品牌成長，日後也可能獲利甚豐。Glaceau相信有力人士行銷所帶來的力量。Glaceau先前和紐約大都會隊（New York Mets）球員大衛・萊特（David Wright）配合，萊特是當時在大蘋果最受歡迎的年輕運動員之一。萊特以代言人身分取得VitaminWater的股份，持股比例為〇・五%。Glaceau有意如法炮製，和勒布朗展開類似的代言合作。最終條款並未經過完整協商，但開出的條件中，勒布朗的持股比例遠高於萊特。

耐吉代言案一役過後，證明勒布朗處於運動員代言市場的金字塔頂端。古德溫想要的是他們挑廠商，而非廠商挑他們。勒布朗則很顯然想和代言廠商發展長期關係，他還希望代言實際上愛用的產品：他身上穿的是耐吉，飲料喝的是開特力和雪碧。他沒聽過VitaminWater。為進軍加味水市場，雪碧推出名為Propel的飲料。VitaminWater固然已是當時第二大加味水品牌，但在這一塊的市場規模不過是Propel的一半。VitaminWater行情看俏，但前景仍是未定之天。勒布朗禮貌性回絕VitaminWater的代言提案，而這次經驗後來為勒布朗帶來啟發。

可口可樂在會議上開出公司有史來最高的代言價碼，古德溫對此留下正面印象。其中部分賣點在於可口可樂打破慣例，讓勒布朗一魚兩吃，同時代言旗下兩大品牌：雪碧和Powerade，後者是可口可樂推出的運動飲料，和雪碧的開特力分庭抗禮。剛開始時，他們針對勒布朗的第一場比賽推出行銷概念，之後則是雪碧和Powerade均有長期行銷計畫，內容引人入勝。這些操作使勒布朗的地位扶搖直上，而可口可樂也冷凍了品牌的主要代言人科比．布萊恩，原因是科比遭指控於科羅拉多州強暴女性。為了讓代言案成功，可口可樂邀請勒布朗前往位於亞特蘭大的總部，並在總部禮堂動員，一半穿上代表雪碧的綠色，另一半穿上代表Powerade的藍色。

身為全球頂尖品牌之一，可口可樂的招攬手法實在過於誘人，VitaminWater的條件再優渥也無濟於事。於是古德溫幫勒布朗談了一張為期六年的合約，在勒布朗達成一些激勵獎金的條件後，總值可逾二千萬美元。該合約過期後，勒布朗簽了為期八年的延長合約，之後又再展期。和可口可樂的合作代言，為勒布朗獲利超過四千萬美元，而日後還會進帳更多。一如耐吉，和可口可樂這樣的頂級合作夥伴配合，是聰明、長久的抉擇，多年來證明有其價值。

勒布朗的第一部電視廣告獻給雪碧。他在影片中扮演搞笑角色，脖子吱吱作響，佯裝痛苦，其實在背後擠壓一罐雪碧空瓶[2]。廣告中客串的還有好友里奇．保羅（Rich Paul），至今仍是勒布朗最有記憶點的廣告作品之一。

勒布朗反覆拒絕參加聯盟的灌籃大賽，而雪碧身為掛名贊助，強烈希望納入勒布朗，這點確實衍生一項問題。糾結點在於勒布朗菜鳥球季時，灌籃大賽於洛杉磯舉行，而勒布朗一開始就告知可口可樂高層，他自認是實戰型灌籃球員，不擅長表演型的灌籃大賽。

他的說法其來有自，可回溯到高四那年的麥當勞高中全明星賽（McDonald's All-American

2 譯按：原文作空瓶，實際廣告中，仍有少許液體。

Game）經驗。那次活動也有舉辦灌籃大賽，勒布朗是贏了，但稍微被搶走風采，之後成為他騎士隊友的超級彈跳人夏農．布朗（Shannon Brown）表現儼然力壓勒布朗，然而當時活動於克里夫蘭舉辦，因此裁判給了主場分數。如果是在洛杉磯，勒布朗少了主場優勢，也不會備受期待。

雪碧和古德溫力勸勒布朗重新考慮，他們還端出一個賣點，就是請全美球迷簽署請願書，但自那一年新秀年起以及日後生涯，勒布朗都表態拒絕。然而，他和可口可樂的關係還是很好。

回到Glaceau所屬飲料VitaminWater。勒布朗回絕代言的數個月後，Glaceau簽下饒舌歌手克堤斯．傑克森（Curtis Jackson）。克堤斯．傑克森以藝名「五角」（50 Cent）為人所知。Glaceau注意到五角在音樂錄影帶中有喝旗下飲品，這個畫面促成代言合作。兩邊最終就五角持股達成協議。持股也是勒布朗當初曾獲得提案的代言項目。

三年後，Glaceau推出五角打造的個人風味飲品，取名為「Formula 50」，產品大發利市。可口可樂最後以超過四十億美元的價格收購VitaminWater。

Glaceau為私人企業，數字雖然不公開，但據報導指出，五角依據協議出售個人持股時，獲利範圍介於六千萬至一億美元。萊特售出股份時也賺進數百萬美元。而到了二〇〇五年，勒布朗於VitaminWater廣告中演出，飾演一名辯護律師，片中飲用VitaminWater後心智變得更加敏銳，此時已有一段時間勒布朗沒有替可口可樂宣傳Powerade。

值得一提的是，五角的立場不同於勒布朗，他並沒有百事可樂和可口可樂競相追求代言，所以五角並非是孤注一擲，推掉數百萬，賭上一間較小的企業，但他願意為Glaceau品牌代言，最終也進帳可觀利潤。

對於勒布朗來說，他並非眼紅五角的獲利（何況五角之後還申請破產），重點是學習經驗。勒布朗在還不到二十歲的年紀，就愛上了別人掏幾百萬美元請他廣告代言這檔事。在勒布朗眼裡，即使最初Glaceau沒有想找他，VitaminWater和五角的代言合作也會是令人玩味的個案。兩種差異在於一個是員工，另一個卻是對品牌擁有所有權。以結果而言，甘願冒險投資一間新創公司，是可能獲得回報的——尤其是這間新創公司曾經如此渴切讓出可能價值連城的股份，讓旗下產品受惠於勒布朗的品牌力。

某些定義來說，勒布朗「擁有」耐吉品牌。由耐吉推出簽名鞋款的運動員，往往會取得銷售總額五%的分潤，作為權利金。權利金會附隨大筆的保障金額，以勒布朗的案例而言，在簽名鞋還沒賣出半雙前，耐吉從二〇〇三年起會每年支付他一千一百萬美元，之後若銷售達成保障額度，會再支付額外款項。然而，這顯然和企業所有權不同。若勒布朗在耐吉草創期即取得五%公司持股，那完全會是另一個回事了。當然，找到潛力十足的新創企業並非易如反掌，但各種機會等待人發掘，也值得人發掘。

勒布朗滿二十歲後，開始慢慢覺察。在騎士隊逐漸適應後，他的眾親密好友也開始為他打理事業。一如預期，耐吉確實為卡特安排全職工作，負責勒布朗相關產品。這份工作待遇不俗，達美金六位數。

艾迪．傑克森擔當勒布朗父親的角色，藍迪．米姆斯（Randy Mims）和傑克森交好，並在傑克森入獄後伸出援手，成為勒布朗的左右手。米姆斯較勒布朗年長十歲，個性固然文靜，但熟人都很愛他獨有的幽默感。他任職於勒布朗成立的公司，名為「King James Inc.」，擔任「客場賽事管理員」（road manager），但基本上米姆斯的職務是確保勒布朗賽事間與客場往返時的需求獲得滿足。有時，確認勒布朗準備出發時，他會先離開球場，搭乘商業航班前往客場比賽的所在城市，和數小時後抵達的騎士隊碰頭。最後騎士隊乾脆讓米姆斯搭乘隨隊包機。二○○五年，騎士隊全職聘請米姆斯，職稱是「球員聯繫專員」（player liaison）。

勒布朗高中時，在阿克倫—坎頓機場（Akron-Canton Airport）認識里奇・保羅[3]。里奇・保羅當時身穿一件高檔華倫・穆恩（Warren Moon）復古球衣，深得勒布朗喜愛。里奇・保羅比勒布朗年長四歲，當時經手一點小生意，交易商品就是當時正夯的復古球衣。里奇・保羅會飛去亞特蘭大，向認識的一位供應商批貨，回來後主要用後車廂販賣。勒布朗對復古球衣愛不釋手。

高中時，勒布朗曾以在克里夫蘭附近的一間店鋪中拍照為交換條件，接受贈予兩件復古球衣，並因此遭禁賽一場。對於身為人氣球星的勒布朗，這件小醜聞透露出高中校隊主管機關管理上的難處。

在這邊先稍微岔開話題：在勒布朗幫忙賺進數十萬美元收益的同時，卻針對他受贈一些免

---

3 譯按：由於本書多位人物姓或名有「Paul」。「Rich Paul」均以全稱譯出。里昂・羅斯（Leon Rose）亦然。

費物品而罰款，這件偽善之舉不僅短視近利，而且讓人汗顏。有勒布朗出場後，球賽多數因此移到大型場館，提升球票收益，而這些比賽的座位也售罄。在克里夫蘭，勒布朗高四時的一場比賽甚至讓快貸球場前身的岡德球館（Gund Arena）兩萬餘位座無虛席，而當時騎士隊在ＮＢＡ球隊中的觀眾人數倒是敬陪末座，每場不到一萬二千人。勒布朗出場的賽事中，有一些是全美電視聯播，有一些地區電視放映，有一些則是按次付費（pay-per-view）。

在與阿迪達斯之間達成的協議下，勒布朗獲得免費球衣、球鞋，所有電視影片與照片可看到他身穿品牌標誌。除了大筆保障費用外，阿迪達斯也補貼球隊前往北卡羅來納、紐澤西、德拉瓦、加利福尼亞各州時的客場賽事交通費。這些全都不會認定為違規，但為了交換幾件球衣而拍照讓老闆放在牆上展示，則視為禁忌。

禁賽後幾天內，勒布朗聘請克里夫蘭的一位頂尖律師，很快贏得判決，一場禁賽後就可復賽。運動協會的規則無法容忍這樣的情事，即使是法律系新鮮人大概都能發現盲點所在。這不太能完全說是協會的錯，其他學校眼紅，紛紛向協會抱怨，協會只能感到無奈。

在這之前，勒布朗獲得一台全新的Ｈ２系列悍馬車（Hummer H2），已客製化，價值可能逾七萬美元。協會對此展開調查之際，不出多久，發現有一間銀行急切融資，為他母親葛羅莉亞核發一筆完全正當的車貸。考量到勒布朗極可能於數個月內成為美金百萬富翁，銀行將放貸予葛羅莉亞視為一筆安全風險投資。這些銀行家倒是比學校行政人員更有洞見，能掌控脈動。然而，故事還沒說完。

在機場的那天，勒布朗告訴里奇·保羅他看上很久的兩件復古球衣：一件是魔術強森（Magic Johnson）的金色款，一件是喬·拿瑪斯（Joe Namath）效力於洛杉磯公羊隊（L.A. Rams）時的球衣。里奇·保羅在幾天內為勒布朗找到這些商品，而這段交易的落幕，是一段長久友情的序幕。里奇·保羅認為他與勒布朗相識那天所穿的華倫·穆恩復古球衣，改變了他的一生，而他原本還想改穿一件Polo衫呢。

里奇·保羅成為King James Inc.公司的第二名員工。里奇·保羅生長於克里夫蘭的一處危險區域，但他高中就讀一間私立天主教學校，因此在校時算是少數族群。他為勒布朗打理不只一種業務，其中一類是規畫勒布朗親自露臉的收費型派對。在二〇〇〇年至二〇〇五年前後，這是NBA球員的一種副業。勒布朗等級的球員出席一場活動，就能獲得數萬美元的報酬。

針對有明星球員出場的派對，主辦方會對參加者收取大筆入座費。如果想進入名人所在的VIP區，還會另外加價。勒布朗開始在紐約、芝加哥、洛杉磯、邁阿密、華盛頓特區等大型城市參加這類活動。時間會選在當騎士隊休兵日，或甚至有時候選擇在這些客場城市比賽的賽後。二十一歲以後，他這項副業的地點轉至各高檔夜店。

勒布朗和他的死黨們相處很自在。他們年輕、忠實，勒布朗對他們有完全的信心。有一件事無庸置疑：他們在賺錢。這群人後來互稱：「四騎士」（Four Horsemen）。為了讓這綽號更名副其實，他們開始穿戴象徵彼此感情的衣服和首飾。其中，卡特和里奇．保羅往往坐在球場的場邊第一排座位。客場比賽時，若有他們在，勒布朗似乎更自在。

談成耐吉代言案和取得簽約獎金後不久，勒布朗花費大約一百萬美元，購買一棟大型房產，地點就位於阿克倫市外。他想要一棟房子，附有一百碼美式足球場，能和三五好友玩奪旗式美式足球（flag football）。他的夢實現了（而他將這棟房子拆掉，原址重建為大型豪宅，這又是後話）。此外，勒布朗還在克里夫蘭的一間高檔建築租了一間公寓，當不想駕駛四十五分鐘路途回家，或是想在比賽日中消磨空檔時，這間公寓能滿足不時之需。他最後和衛斯理當起鄰居，衛斯理則持續和達胡安・威格納一起在克里夫蘭生活。

衛斯理並未幫助銳跑簽到勒布朗，但雙方關係並未決裂，倒像是個開始。衛斯理多年來肩負新任務，幫助年輕球員適應ＮＢＡ，並開始為勒布朗與其好友做同樣的工作。耐吉在騎士主場購買四張座位，靠近球員板凳區。奈特觀看勒布朗的第一場主場賽事，便坐在此一耐吉特區，麥利特到訪時也會使用這一區，但許多比賽日是衛斯理的座位。沒錯，他幾個月前才受雇於銳跑，但後來靈活兼差，遊走於不同雇主，機動性支援任務，依據命運安排工作機會。

隨著勒布朗度過ＮＢＡ前兩年球季，開始感到場外角色的重擔。第二年球季訓練營時，交往已久的女友莎凡娜・布琳森（Savannah Brinson）誕下一子，勒布朗命名為「小勒布朗」（LeBron Jr.）。騎士隊當時在哥倫布市（Columbus）的首都大學（Capital University）舉辦訓練營。莎凡娜已經超過預產期，預計於隔日生產。勒布朗必須說明為何將缺席某些練習，所以安排一次傍晚練習後由我進行訪談，訪談地點在一組球場看台。

勒布朗當晚如是說：「我沒有父親。我保證會給我兒子以前我沒有的東西。」

多年後，勒布朗表示他後悔以自己的名字為長子命名，此舉為愛子帶來壓力。這番話顯示他多年來想法變得更加成熟全面。二〇〇四年十月的這一晚，對他意義重大。然而，這還是只是調整期。他浮上心頭的想法之一，是他要如何經營事業。

在古德溫與其雙胞胎兄弟暨事業夥伴艾瑞克（Eric）合作下，協助談成多筆代言合約，價值將近一億五千萬。包括耐吉、可口可樂和Upper Deck在內，還代言吉百利公司（Cadbury Schweppes）的泡泡口香糖系列產品，其中包括勒布朗首支超級盃（Super Bowl）廣告。勒布朗滿手代言，為當時NBA現役球員之最，而且以不滿二十歲之姿達成此成就，也是史無前例。《運動畫刊》簡介古德溫的一張照片中，勒布朗側躺在一張沙發上，古德溫站在身後，以視覺詮釋成功人士背後的核心人物。

二〇〇四年NBA選秀狀元德懷特．霍華德（Dwight Howard）後來也相中古德溫，請他打理經紀事業。

古德溫經紀手腕老練，長期與年輕運動員打交道，與此一體兩面的是可能要求甚多。古德溫不喜歡運動員的商業交易讓親友團過分涉入，也不愛勒布朗與親信達成私人協議。對於勒布朗的三五好友靠私辦收費型派對賺錢，古德溫不以為然。

勒布朗的好友倒是樂此不疲。他們去俱樂部玩樂時，店裡往往更有賺頭。有網站會發出即時通知，告訴使用者知名運動員和藝人的狂歡場所，形成經濟效益。「四騎士」會觀察可以切入獲利的機會，並希望至少能分一杯羹。勒布朗永遠不怕沒趴可跑，大咖運動員可是炙手可熱。

也許，古德溫更在意的是衛斯理和他的大客戶過從甚密。衛斯理和經紀人里昂・羅斯已有長久交情，古德溫懷疑衛斯理和勒布朗與其親信建立關係另有動機。平心而論，這些對於NBA球員之間或是球員與經紀人的關係而言，並非新鮮事。運動經紀產業充滿嗜血的鯊魚，抱怨客戶遭搶的經紀人，往往也會挖人牆角。

古德溫和勒布朗一幫人曾經因為發生在多倫多的一件事有一點齟齬。古德溫的一位高端客戶蓋瑞・裴頓（Gary Payton）曾在當地俱樂部遭到逮捕，古德溫懷疑是設局陷害（裴頓的指控後來獲判無罪）。古德溫因此希望勒布朗對這種環境敬而遠之，但勒布朗依然故我。

正當此時，衛斯理已經和勒布朗、卡特、米姆斯與里奇・保羅等四騎士談過他們一行人在運動經紀這一塊的發展價值。衛斯理和Jay-Z有私交，這使得勒布朗與與這位饒舌天王之間的關係更近一層。勒布朗孩提時代的英雄固然是麥可・喬丹，但隨著年歲日長，開始有共鳴的偶像是Jay-Z。原因不僅在於勒布朗是歌迷，也拜Jay-Z的多觸角事業經營手腕之賜。

Jay-Z打理事業時不假他人之手。他賣東西，也作東西：前者包括高級手錶、啤酒到電腦，無所不賣；後者則擁有自己的唱片公司以及服飾系列。最終也發展運動經紀事業，並提供音樂串流服務。他賣歌賺進數百萬美元，但靠著將自己打造為有影響力的個人品牌，並掛上自己的名字來協助品牌銷售，更能獲利數千萬美元。當Jay-Z固定在紐約與洛杉磯的比賽露臉時，他們會談的都是這些話題。衛斯理是那裡的熟面孔，言談之間形同帶領勒布朗熟悉這種商業模式。

話題回到賽場上。勒布朗菜鳥球季繳出亮眼成績，他贏得二〇〇四年年度最佳新秀（Rookie of the Year），第二年球季在球迷力挺下，獲選為全明星賽（All-Star）先發五人之一。他的身影在電視廣告無處不在，也成為全國電視轉播比賽的吸睛球員。所屬球隊的騎士隊固然尚未躋身強隊，勒布朗的頭兩年球季均未取得季後賽門票，執掌兵符的保羅・賽拉斯（Paul Silas）被炒魷魚，但卻在進步，後續各方面均漸有長足發展。

勒布朗的第二年球季進入尾聲之際，他和卡特討論開設行銷公司的發展性。就如Jay-Z成為美國樂界天王後，開始和其他藝人展開合作，勒布朗有沒有可能效仿？

卡特在耐吉花了兩年時間，學習公司如何操作運動行銷；而麥利特的實質工作超越了勒布朗鞋款的品牌經理，他很快成為卡特和勒布朗兩人的前輩角色。最初是麥利特給了卡特進入耐吉總部的入場券，在比佛頓市的工作固然像是硬開出來的職缺，支援一些私下交辦的任務，但卡特的認真態度獲得麥利特賞識。麥利特是耐吉總部園區最有份量的人之一，他給了卡特在園區茁壯的機會。儘管卡特沒有大學學歷，他認為自己在耐吉所學之豐碩，可堪稱畢業自「耐吉大學」（University of Nike）——這個梗他日後反覆使用多年，為個人經歷增色。

一天夜晚，兩人回到阿克倫市，坐在卡特母親的房子內，擘畫創業願景。ＮＢＡ經紀人的佣金抽成比例為四％，且對象若是握有大型合約的大牌球星，往往會向下修正。然而行銷協議方面，經紀人常常可抽到高達一〇％至一五％的佣金。這塊餅是很難搶佔，搶到後也很難做出成績，但勒布朗一方面已是運動經紀人的客戶端，尚有望成為招攬客戶的經紀人，要說作出一塊餅，不是沒有機會。這一點，勒布朗過去早就學會：只要能善加操作，影響力可以化為白花花的鈔票。

這是一項表面上很大膽的計畫。一名二十五歲年輕人，沒有大學學歷，想靠著有限的二手經驗，管理百萬美元起跳的勒布朗事業，光聽就讓人笑掉大牙。魔術強森是史上最成功的籃球員之一，轉型後，商業經營成績有聲有色。他向來有一條通則是，投資合夥人不能是和親友一同經營生意的人。這儼然是年輕人會犯的典型錯誤。

古德溫已經很注意注意勒布朗與其親信的發展關係，但當勒布朗致電告知他將往新方向邁進時，古德溫仍十分驚訝[4]。這項決定也使我與其他勒布朗身邊的人措手不及。大家並非不知道勒布朗野心勃勃，想拓展事業版圖；大家驚訝的是勒布朗雖然年輕，之前幾乎沒有走過錯路，但這次的想法聽起來像是失策。

認識卡特的人固然都喜歡他，他也頗獲生意夥伴的敬重，但聽到卡特要成為勒布朗場外事業的門面，代表勒布朗參加美國《財星》雜誌（Fortune）五百大企業的會議和重大聚會，不免輕則眉頭一皺，重則嗤之以鼻。若都能再年長幾歲，或許還說得過去，但這項操作對於一名年輕球員而言，儼然不需如此冒險。儘管有美中不足之處，古德溫為勒布朗打理的經紀事業大致上相當出色。我知道古德溫多年來流失過一些頂尖球員客戶，即保羅・皮爾斯（Paul Pierce）

和傑森・基德（Jason Kidd）。他最後也失去霍華德，超級球星凱文・杜蘭特（Kevin Durant）先是和他合作，之後離去。古德溫一路上為這些球員都爭取到大型合約，但他嚴苛的作風似乎讓客戶吃不消。球員換經紀人本來是家常便飯，但這次仍稍微讓人感到吃驚。

古德溫和勒布朗分道揚鑣數年後，儘管最初曾有過節，大致上維持一段良好交情；儘管存在一些小芥蒂，大致上對事不對人。古德溫的一個想法倒是正確：如果勒布朗將請卡特主導行銷方面的交易案，在籃球這一塊的合約管理，他需要聘請一位獲得正式認證的經紀人。勒布朗在一年後就有資格進行第一次合約展延。他最後聘請衛斯理的長期合作夥伴羅斯。衛斯理負責提供出色的建議和人脈，但他可也是個商人，最後他將此事拍板定案。

當勒布朗和卡特的案子公開時，外界並不看好，特別是兩人似乎無法有條有理地對媒體說明計畫。外界追問時，兩人要求數個月之後才能公開說明。使出緩兵之計固然在常理之中，但短期內無法抵擋一些猛烈砲火。新創公司暫名為「四騎士管理公司」（Four Horsemen

4 譯按：原文此處委婉，實指兩人於二〇〇五年分道揚鑣一事。

Management），這名稱也在評論界中討不了好。勒布朗成為媒體評判的眾矢之的，遭到痛批的程度，比起最初生涯因球場表現所受的任何批評，恐怕有過之而無不及。

在這事情的一年前，美劇《我家也有大明星》（*Entourage*）於ＨＢＯ首播，主角群為一位好萊塢新星和他的三名好友，講述三名好友靠這位明星好友闖蕩生涯，各種誤判下發生的趣事。《我家也有大明星》受到觀眾喜愛，但對勒布朗一幫人的印象沒有幫助。媒體自然不放過兩者的異曲同工之妙，撰稿比較四騎士和《我家也有大明星》主角群（勒布朗之後也客串演出，更拉近兩者關係）。評論參雜一些種族衝突的要素：許多年紀較長的白人記者與評論員指指點點，評論四名黑人能否打理好一樁細膩的事業，而許多理性的評論中也有質疑聲浪。

有一篇評論尖酸刻薄，文中一句話讓四騎士多年不悅：「多年以後，勒布朗如果膝蓋要動手術，他會叫他家水電工來開刀。」這還只是文章的眾多酸言酸語之一。

然而，也不乏重量級人士為勒布朗發聲。其中一位正是瓦卡洛。他自阿迪達斯掛冠求去後，當時改投效銳跑。瓦卡洛願意接受訪談，為卡特辯護和背書，而其他和卡特有交易經驗的一些高階主管也附和。無論怎麼背書，實際與卡特共事過的人都對他表示讚許。卡特不喜歡在早上工作，他有年輕人的特徵：是出了名的夜貓子，有時候還會遲到，但要談生意時，也是出了名的思慮周到、小心翼翼。他給人的印象是不會立刻要求看到滿意成果的人。就算有賺錢的機會，他也不會隨便點頭說是。單是這點就說明了他不是典型的生意人，但外界不會去報導這些細節。

高中時的勒布朗，已經會做出招致批評的決策，當時他已經有放眼長久格局的能力。他離開古德溫的部分原因在於，他感到停滯不前。勒布朗知道古德溫有本事爭取代言合約，兜售產品，但他想開創新的事業格局。在二十歲的年紀，勒布朗就知道如果要拓展他的商業版圖，他必須稍微脫離舒適圈。

勒布朗說：「我知道自己要學做生意，既然如此，為什麼不讓我周圍的人和我一起學？我們會一起看到自己的錯誤。我要和大家一起大立大破。」

籌畫數個月後，四騎士以新的事業名稱在商界出道，原文名為「LRMR Marketing」（LRMR行銷公司），取自四人英文名字的字首縮寫（LeBron、Randy、Maverick與Rich），公司標誌設計酷炫，網站風格俐落，搭配許多高級詞彙。他們的業務範圍還是擺脫不了勒布朗的名號，但至少已經能清楚表達自己的願景，並獲得一點尊敬。如果他們和古德溫分道揚鑣後就創業，商業力度不會如此強勁，但這也只是學習的過程之一。他們在克里夫蘭設立據點，開始辦公。

開公司，可不是只有體面的公司門牌和外觀就好，四騎士有計畫。計畫內容的複雜性不亞於大膽的程度，他們的決心已經是箭在弦上。

第五章——危機即轉機

門上、板凳區，甚至是休息室外面都貼了標語，要警告經紀人不得進入相關區域，這是一個只提供予業餘運動員的指定安全空間。在阿克倫大學羅茲體育館（Rhodes Arena），全心投入運動行銷的馬威利克・卡特安安穩穩地坐在這些警語下，看著一場場的隊內比賽。

羅茲體育館是一座多功能場館，固然設備老舊、缺乏光鮮亮麗的魅力，很難讓人眼睛為之一亮，但這可以算得上是勒布朗・詹姆斯的主場。拜其高中時人氣所賜，校隊的許多球賽得以挪出狹小場館，改至羅茲體育館。勒布朗的首位高中教練丹布羅特後來轉任阿克倫大學，兵符一掌十三年。有丹布羅特在此坐鎮，勒布朗可自由來去羅茲體育館。

時序進入二〇一〇年前的最後幾年，耐吉都會在七月時接掌場館，舉辦「勒布朗・詹姆斯籃球技巧訓練營」（LeBron James Skills Academy），二〇〇六年，耐吉停辦針對頂尖高中球員舉辦的夏季代表性活動「全美籃球營」（All-American Camp），這項夏令營已行之有年，歷年來都在印第安納波利斯市（Indianapolis）舉辦，取而代之的勒布朗・詹姆斯籃球技巧訓練營以勒布朗為主題打造，使耐吉的仲夏盛事搖身一變，成為活力四射的球員招募盛宴，也是勒布朗和卡特認真進軍運動經紀與球員招募市場的一塊拼圖。

耐吉從相關AAU球隊邀來頂尖好手，並從全美注重排名的籃球營中找來表現突出的球員。活動的附加價值在於：全美的頂尖大學球員獲邀前來，以「指導前輩」的身分指導高中營隊學員。數十位有望在球界嶄露頭角的高中與大學球員，一時之間齊聚這間位於俄亥俄州的大學場館，由勒布朗作東道主。

這項活動打造了具有刺激性和競爭性的舞台。技巧練習與隊內練球結束後，大學球星會卸下指導前輩的身分，彼此組隊，直接打起街頭籃球，一些高中球員也會加入鬥牛行列。勒布朗會適時加入，和營隊中的頂尖高手打球。換作其他場合，看到這些鬥牛賽恐怕是天方夜譚，也無法帶來難忘的營隊回憶。

二〇〇九年，一位來自澤維爾大學（Xavier University）的大學球員喬丹．克勞佛（Jordan Crawford）在勒布朗的盯防下驚天一灌。這對克勞佛是相當亮眼的一刻，隔年選秀他於首輪被抽中。這一記灌籃事後受到注目，是因為事後麥利特向一名負責側錄的攝影組員工索取影片。耐吉儼然是要保護勒布朗，避免難堪。不過此舉也是畫蛇添足，另一支影片還是流出了，克勞佛那記難忘的精采暴扣赫然在目。

某一年的高中球員名單中，包括未來的ＮＢＡ全明星陣容德瑪・德羅展（DeMar DeRozan）、德馬庫斯・卡珍斯（DeMarcus Cousins）和日後獲選為年度最佳新秀的泰瑞克・伊文斯（Tyreke Evans）等人；指導的大學球員則有泰・勞森（Ty Lawson）、衛斯理・馬修斯（Wesley Matthews），以及雙胞胎兄弟檔布魯克・洛培茲（Brook Lopez）和羅賓・洛培茲（Robin Lopez）。還有一年，前來指導的球員有日後獲選為ＮＢＡ全明星的克雷・湯普森（Klay Thompson）和肯巴・沃克（Kemba Walker），以及錢德勒・帕森斯（Chandler Parsons）；陣中學員則有日後成為選秀狀元的安森尼・戴維斯（Anthony Davis）。幾年下來，另有數十位大學校隊勁旅球員和ＮＢＡ新秀共襄盛舉。

整個營隊是一級盛會，也是高級盛宴，營隊中，勒布朗有更多機會面對面接觸年輕球員之外，有時也會在勒布朗家中舉辦私人聚會。營隊最後階段時，勒布朗往往和部分頂尖球員已經建立交情。有一些日後進入ＮＢＡ選秀的球員，早就在勒布朗的營隊中露臉過兩、三次。這些全為耐吉人才招募體系的一環，目的是簽到這些頂尖球員，確保他們進軍ＮＢＡ後能穿戴耐吉產品。

而這除了是一項多階段計畫的一環，勒布朗、卡特、麥利特甚至衛斯理都與計畫執行有關，實際上也是相當聰明的手法。年輕球員對勒布朗的欣賞，以及勒布朗身為球界頂級選手的身分，都化為勒布朗運動經紀事業的第一步。當然，這種手法遊走於灰色地帶，尤其考慮到在經營運動行銷企業的勒布朗，具有不折不扣的運動經紀人身分，還能堂而皇之接觸這些高中與大學球員。NCAA規章有其模糊之處，有時甚至可說是荒唐，但即使繁文縟節如NCAA規定，也沒有白紙黑字的條文能適用於勒布朗的招募手法。因此勒布朗與他的LRMR行銷公司幾乎置之不理，NCAA基本上也只是睜一隻眼、閉一隻眼。

為數不少的經紀人遊走於規則的灰色地帶，力求接近年輕球員。有一種人的工作就是挖人，專門為經紀人和理財專員物色運動員，他們往往也和整個流程密不可分。二〇一八年的一宗聯邦案件中，一名前阿迪達斯員工遭指控和大學教練建立關係，以影響頂尖球員的大學就讀選擇。案件中涉入的學校是路易斯維爾大學（University of Louisville），但許多其他學校都牽連其中。這是籃球界的現實，在這個圈子，勒布朗必須從中走過、學習。在NCAA規章的放大鏡檢視下，LRMR、耐吉與衛斯理搭檔接觸業餘球員，並非是完全乾淨的操作。然而，真實世界另有一套玩法，而大家心照不宣。

一齣完美劇本會這樣演：耐吉在菁英籃球營中找到球員，成功接觸，勒布朗進而認識該名球員，球員之後會進軍職籃，選擇LRMR為其行銷，再請里昂・羅斯打理經紀事業，和耐吉配合，簽下代言合約。由衛斯理擔任牽線人的情況下，還能加演理想的延伸劇碼：該名球員的教練會是約翰・卡利帕里（John Calipari），或是其他和衛斯理有交情的大學教練（但衛斯理和卡利帕里最是親近）。威斯理的終生好友米爾特・威格納前往曼菲斯大學（University of Memphis），加入卡利帕里的教練團，其子達胡安・威格納當時曾於曼菲斯大學就讀一年。魚幫水，水幫魚，這是在威斯理人脈穿針引線下的眾多互利模式之一。

伊文斯和衛斯理有地緣關係，他來自費城，是衛斯理的主要活動據點。伊文斯最後就讀曼菲斯大學，在卡利帕里的執教下打球，並簽給耐吉。另一名球員的發展也有異曲同工之妙：克里斯・道格拉斯—羅伯茲（Chris Douglas-Roberts）是衛斯理的「姪子」之一，曾為勒布朗・詹姆斯籃球技巧訓練營學員，最後也聘請里昂・羅斯擔任經紀人。衛斯理一方面明著將球員牽線給卡利帕里，一方面在幕後操作時又頗能發揮個人魅力和磁吸能力，因此似乎無人跳出反對這種手法。《紐約時報》（*New York Times*）還曾撰文，指出連十大聯盟（Big Ten Conference）總裁暨前NCAA調查員吉姆・德蘭尼（Jim Delany）都曾希望衛斯理安排，將一些旗下有價值的球員送到十大聯盟的所屬學校。考慮到NCAA規章本就極近偽善之能事，德蘭尼此舉也不意外。說穿了，這個圈子渾沌複雜，但倒有一件事十分清楚：衛斯理穿針引線，安排年輕球員的去向，然後盡可能從中獲益。

相關操作明來暗去之際，一項特殊個案成為特別焦點：德瑞克・羅斯（Derrick Rose）。來自芝加哥的德瑞克主打後衛，極具天分和肌肉素質，在場上風馳電掣。這位一流球員炙手可熱，耐吉、衛斯理和卡利帕里都想招攬之外，LRMR也想要德瑞克・羅斯成為客戶。為了保護德瑞克，對於多數幫經紀人物色球員的人甚至是大學教練，胞兄雷吉・羅斯（Reggie Rose）都拒於門外，但衛斯理卻得其門而入。拜其與麥可・喬丹的關係之賜，他在芝加哥能建立信譽。果不其然，德瑞克・羅斯落腳曼菲斯大學，在卡利帕里的執教下，帶領球隊打出三十八勝的佳績[1]，一路殺進NCAA冠軍戰後鎩羽而歸。之後由於德瑞克的SAT[2]在底特律由不知名人士代考，分數產生舞弊爭議，經NCAA判定，曼菲斯校隊的該球季分數遭到NCAA取消。

耐吉為雷吉・羅斯安排一份不錯的工作，在芝加哥擔任一支基層籃球隊的教練，背後衛斯理功不可沒。在卡利帕里的執教下，德瑞克・羅斯成績出色，頗有一路成為ＮＢＡ選秀狀元之姿，最後也因緣際會之下，由家鄉的芝加哥公牛隊（Chicago Bulls）挑中，最終為自己的簽名鞋款，談成一筆美金八位數的代言合約。這也難怪會有如此多明爭暗鬥甚至舞弊情事，德瑞克・羅斯就是如此特別的明日之星。

然而，事情起了變化。德瑞克・羅斯並未挑里昂・羅斯當經紀人，反而相中亞爾恩・泰勒姆（Arn Tellem）。最終合作的代言對象也不是耐吉，而和阿迪達斯達成鉅額協議，很快成為旗下籃球系列商品的門面。胞兄雷吉・羅斯也因此成為阿迪達斯的顧問，並簽下一筆美金六位數的合約，阿迪達斯並同意資助羅斯家族位於芝加哥的ＡＡＵ球隊。想當然爾，ＬＲＭＲ並未成為羅斯的行銷經紀廠商。

ＬＲＭＲ在很多商業戰線上受挫，並未初期就一飛沖天。卡特為勒布朗談到若干合約，

1　譯按：三十八勝二敗，為校史單季最多勝。

2　譯按：美國大學入學指標。

其中之一是割草機廠商Cub Cadet。Cub Cadet以克里夫蘭為主要據點，當時是騎士隊的最大贊助商。代言金額固然有數百萬美元之譜，但和古德溫先前談成的代言案相比，只能說小巫見大巫。其中較為大宗的代言客戶是全球最大品牌之一的微軟（Microsoft）。最初的合作是讓勒布朗簡短出現於Vista作業系統的電視廣告中，並以兒童為客群推出網站。網站推出時間是二〇〇七年NBA全明星週時，地點是拉斯維加斯的一處社區中心，為此打造一場拉風的活動。這是微軟初次請NBA球員代言，這種創新性代言活動，似乎頗符合卡特和勒布朗在草創期勾勒的行銷願景。

然而，合作關係算不上好，雷聲大、雨點小。促成這樁代言的微軟高層離職，微軟在兩年內就為代言案畫下休止符。於此期間，LRMR簽到兩位運動員客戶，但均非NBA球員。一位是美國國家美式足球聯盟（NFL）外接手小泰德．金（Ted Ginn Jr.），另一位則是麥克．弗林特（Mike Flynt）。弗林特在西德州一間小型學校，以五十九歲之姿打了一季的大學美式足球，獲得媒體關注。小泰德．金從未簽過大宗經紀約，因為對非NFL超級球星而言，這是一大挑戰。LRMR為弗林特打造大型行銷計畫，包括一部電影，電影計畫一直胎死腹中，卡特最終幫弗林特出了一本書，由勒布朗寫序。

談妥的代言案也出現問題，包括耐吉代言。勒布朗的產品並未銷售長紅，成長幅度比耐吉預計還慢。耐吉只請一些員工全職行銷勒布朗的產品。二〇〇七年，勒布朗跌破眼鏡，率騎士隊一路殺進NBA總冠軍系列賽，大放異彩，耐吉此時倒是又增聘員工。在打進冠軍賽的路上，包括在東冠系列戰中面對活塞隊的一場比賽，兩次進入延長賽，勒布朗一夫當關，獨攬騎士隊最後三十分的二十九分，最後以銳不可擋的氣勢氣走活塞。

到了二〇〇八年時，耐吉傳奇球鞋設計師汀克・哈特菲爾德（Tinker Hatfield）停止和勒布朗合作。他表示原因為對勒布朗團隊合作感到疲累。勒布朗先前鞋款向來由哈特菲爾德操刀，但他仍繼續設計科比・布萊恩球鞋系列和喬丹品牌產品。

二〇一〇年，哈特菲爾德在一間鞋店的促銷活動中表示：「我不喜歡和勒布朗的團隊合作。太多人、太多想法、太多意見。」

數個月後，哈特菲爾德在另一場活動中指出：「勒布朗的鞋款設計『有一點不理想』，也『賣得沒有科比的產品好』。」

他說：「和科比合作時，就是會有一個人陪同他進來房間討論，他很有想法、有前瞻性、又聰明，知道自己要做什麼，知道要怎麼在場上進步。」哈特菲爾德續道：「勒布朗是很好的人，我真的很喜歡他，但是他討論事情時，會帶大概八個人進來，七嘴八舌表示意見。這是為什麼就算勒布朗產品賣得不錯，設計起來沒有像設計科比產品或是喬丹品牌那麼吸引我。」

鞋款設計時，創意上產生歧見是家常便飯，勒布朗和耐吉的合作一路上有起有落。有一年，勒布朗前往耐吉總部所在的奧勒岡，在年度會議上對設計師團隊透露他對成品感到挫折。菲爾．奈特也在，當場力挺勒布朗，對一些員工疾言厲色。還有一年，勒布朗不滿意該年簽名鞋款的性能，便高掛這雙戰靴，改穿較舒適的舊款。然而另外也有很多年，勒布朗對為他打造的設計和配色大為激賞，例如聖誕鞋款。

而到了二〇〇九年時，發生兩件拓展商機的變化。執好萊塢經紀市場之牛耳的創新藝人經紀公司（Creative Artists Agency，多簡稱「CAA」）決定再闢戰場，進軍運動經紀市場。CAA的第一步棋是併購許多小型經紀公司，直接吸收各單項運動的運動員客群。里昂．羅斯的NBA球員經紀事業也直接納入麾下，由CAA這間經紀業巨擘操作。衛斯理最終成為

CAA的經紀人，以教練為客群，而毫不意外地，首批顧客之一即為卡利帕里。

另一件大事和卡利帕里有關。肯塔基大學（University of Kentucky）聘他執教，卡利帕里因此成為球界最有影響力的教練之一，為全美最強的大學男籃校隊之一執掌兵符，這為勒布朗與其團隊開創許多重大機會，而卡利帕里也打蛇隨棍上。

在卡利帕里第一年球季前，勒布朗獲邀對肯塔基球員談話，重新和先前參與勒布朗．詹姆斯籃球技巧訓練營的學員搭上線：卡珍斯，以及生長於北卡羅來納的約翰．沃爾（John Wall）。沃爾極具天分，隨著德瑞克．羅斯進入NBA效力公牛隊，沃爾取而代之，成為卡利帕里的控球後衛，也是各家經紀人虎視眈眈的球星。對於卡珍斯的NBA選秀，外界固然預計會是高順位，但沃爾擁有電光火石般的鬼魅速度，最有望簽到一張球鞋代言大型合約，為經紀人帶來可觀的佣金抽成。與德瑞克．羅斯失之交臂後，耐吉和勒布朗這次重振旗鼓，力求能簽到這位有望成為選秀狀元的球員。

勒布朗開始在媒體讚許沃爾，並在比賽時穿上肯塔基大學校隊周邊商品，甚至於該年一月飛往籃球校隊野貓隊（Wildcats）所在的萊星頓市（Lexington）欣賞對上范德堡大學

（Vanderbilt）的一場比賽。野貓隊拿下勝利，勒布朗在一次暫停時，去場上帶領加油動作，引起歡呼。賽後他去休息室拜訪卡利帕里和球隊。對於不明究理的人而言，這光景可能有點詭異，因為勒布朗多年來和俄亥俄州立大學校隊七葉樹隊（Buckeyes）有密切連結。二〇〇七年，七葉樹隊成為首支球衣上有勒布朗個人耐吉標誌的校隊，並於二〇〇九至二〇一〇大學球季的每場比賽時，穿上勒布朗的簽名鞋款。

而此情此景卻是勒布朗在場中央身穿肯塔基大學藍白配色的服飾，舞動著身體。他表面上替卡利帕里加油（兩人透過衛斯理牽線，成為朋友），但實際上是衝著沃爾而去。勒布朗希望簽下沃爾，成為公司旗下的指標性年輕運動員。對於卡利帕里而言，如果德瑞克．羅斯和沃爾有好表現，成為選秀前段班球員，並簽下鉅額代言合約，對他只有好處，可幫助全美各地高中潛力球員前來效力肯塔基大學；在那裡，有著耐吉和衛斯理物色人才的身影。

沃爾的球季繳出漂亮的成績單，場均十七分、七助攻，隊友盡是日後加盟ＮＢＡ的球員：卡珍斯、艾瑞克．布萊德索（Eric Bledsoe）、派翠克．帕特森（Patrick Patterson）以及丹尼爾．奧頓（Daniel Orton）。野貓隊三十五勝三敗，在精英八強賽（Elite Eight）中落敗。沃爾跟上德瑞克．羅斯的腳步，成為選秀狀元；也一如德瑞克．羅斯，勒布朗、其好友與商業夥伴也完全和沃爾失之交臂。沃爾並未相中勒布朗和LRMR，轉而聘請丹．費根（Dan Fegan）擔任經紀人。他也沒看上耐吉，轉投銳跑的懷抱，簽下為期五年的一紙合約，價值二千五百萬美元。

卡特多年後向我透露，他最大的錯誤之一，就是為了運動經紀事業，去追求沃爾等級的運動員。原因並非在於他無法簽到重量級球星。他曾經短暫為NFL四分衛強尼．曼塞爾（Johnny Manziel）打理經紀活動，幫他爭取到一張耐吉合約，價值達美金七位數（曼塞爾因過度沉迷夜店狂歡，毀掉球涯，已是後話）。原因是在於浪費時間：為了追求重量級明星運動員，卡特必須通過重重關卡。首先，他要讓客戶相信，他有本事為勒布朗以外的運動員爭取到頂級合約，而當時的卡特並未建立起聲譽。另一項原因在於，卡特追求的運動員不確定自己是首選，還是備胎。對於他們而言，如果有商業機會上門，卡特怎麼會不先讓給勒布朗呢？這些選手是喜愛勒布朗，也喜歡雙方關係，但面對簽經紀約這種重大決定時，卡特無法討到便宜。

在運動員行銷事業上，LRMR固然失敗，但沃爾轉投其他經紀人與球鞋代言廠商的懷抱，形同為勒布朗、卡特和里奇．保羅提供轉型的契機。

第六章——跟拍者

那只不過是寫著例行公事的一張紙，羅耀拉瑪麗蒙特大學（Loyola Marymount University）學生如果有修習紀錄片課程，都會取得這張學期報告的必填文件，修課學生會拿給紀錄片的拍攝對象簽名，簽好後交給學校。二〇〇三年春季的一天放學後，克里斯多夫·貝爾曼（Kristopher Belman）就在聖文森—聖瑪莉高中體育館外的一張秘書桌前，請勒布朗·詹姆斯、勒布朗的幾名友人和隊友簽名。貝爾曼只想為了滿足教授規定，完成例行公事。這些簽名最後的價值有多高，為貝爾曼帶來的影響力有多大，此時貝爾曼渾然無知。

貝爾曼來自阿克倫，較勒布朗年長幾歲。他和我同樣生長於市內西邊的小康住宅區，我們的住處隔一條街。他年紀較輕，我們上同一間小學。在我玩奪旗式美式足球時，貝爾曼的父親擔任過一年的教練。他是狂熱運動迷，但更熱衷拍電影。他去加州的影視專門學校就讀。勒布朗的比賽中，我看到他突然現身於球場邊線，以及圍成圓圈打氣的球員中間，頭戴黑帽，身穿深色衣服，手裡拿著一部攝影機，我還真不知道這是在演哪齣。我們已多年未見。他的高中不是讀聖文森—聖瑪莉高中，而是對手學校沃爾許耶穌會高中（Walsh Jesuit）。

貝爾曼能現身於此拍片，可說是天時地利。勒布朗高四時，想接觸他與球隊的外界人士不知凡幾，而球隊將知名媒體拒於門外。追求者中，還有同樣想拍片的經紀人喬．馬爾許（Joe Marsh），他曾籌畫一部斥資數百萬美元的紀錄片。據勒布朗的說法，由於先前《ＥＳＰＮ雜誌》（*ESPN the Magazine*）的一期專題內容有損勒布朗的形象，他因此不悅，限縮一對一專訪機會。高四球季時，勒布朗於季中遭短期禁賽，全國媒體湧入學校，勒布朗本人和校方均對採訪要求感到疲乏，幾乎拒絕所有邀訪。耐人尋味的是，該年球季勒布朗所接受的最大型採訪給了ＮＦＬ名人堂球員迪昂．桑德斯（Deion Sanders），於ＣＢＳ電視台《晨間秀》（*The Early Show*）播出。

然而貝爾曼算是中立人士，他年輕，而且跟拍目的儼然單純。他對球隊總教頭德魯．喬伊斯（Dru Joyce）[1]提出請求，出乎意外地獲得許可。後來才知道，德魯教練可是回絕了多數專業工作者，而對身份是大學生的貝爾曼點頭。於是，貝爾曼跟著這支可說是美國籃球史上最受矚目的高中球隊一同行動，巴士、旅館、休息室都有他的身影，一路跟拍，準備捕捉勒布朗高中球涯的高潮時刻。州冠軍賽時，勒布朗遭短期禁賽，復賽後力挽狂瀾，帶領球隊奪冠，有驚無險地度過球季最後幾週。

這一切畫下休止符後，貝爾曼學校作業堆積如山之外，手上還有一段又一段獨家影片。課程結束後，過了很長一陣子，貝爾曼才領悟到這些影片的珍貴性，尋思該如何發揮價值。當時勒布朗已進軍NBA，和耐吉簽了一張頂級代言合約，正朝向年度最佳新秀的路途邁進，並以迅雷不急掩耳之姿，成為美國各單項運動史上最有吸引力的運動員之一。勒布朗搶占各大媒體專題版面，報社對這位NBA新面孔興味盎然，固定派遣記者前往騎士隊比賽，搶在勒布朗抵達比賽所在城市前蒐羅相關新聞題材。而正當此時，貝爾曼手上這些未曝光影片，正躺在他位於洛杉磯國際機場附近的公寓中。

貝爾曼會在上下學途中聽影片的音檔；他反覆觀看影片，到了對片中對話滾瓜爛熟的程度。他已經想好分鏡，描繪出一部長片的樣貌。此時他尚未取得學位，但他手上的影片素材大可賣給HBO或ESPN。如果他認識馬爾許，那馬爾許也可以是買家（馬爾許沒有得到貝爾曼免費跟拍的待遇，此時正準備向勒布朗求償數百萬美元）。只要直接出售，安排對方預付

---

1 譯按：原文全名並未寫明，此指第二章隊友德魯・喬伊斯三世（Dru Joyce III）的父親德魯・喬伊斯二世（Dru Joyce II）。

貨款，貝爾曼的戶頭就有可觀進帳。他有素材，有正當合法的影片所有權，自己可直接使用成果，不需要再找勒布朗或其他人。

然而，貝爾曼要的不是錢，他想製作一部不折不扣的電影，打上他的名字，頭銜是導演。他希望這部電影能有助於事業發展。他尋找方法，讓夢想實現。他和各電影製片開了一場又一場的會議，一次又一次事與願違，無人願意出資讓他擔任導演。許多人想向他購買影片；在得知勒布朗已經簽名放棄影片所有權後，更加深他們的購買意願。即便如此，沒有人相信他的企劃。貝爾曼當時在一間咖啡廳工作。多年過去，局勢彼長此消：隨著勒布朗成為聯盟球星，外界也漸漸失去對於勒布朗高中生涯的興趣。

四年後，時序來到二〇〇七年，貝爾曼已非學生，成了洛杉磯眾多的不得志影視工作者之一。他了解到他需要從前認為沒有必要的條件：勒布朗本人的參與。如果他能在勒布朗成為合作夥伴的前提下找到一位製片，一切會改觀。問題在於，貝爾曼和勒布朗並沒有交情。是的，勒布朗記得他，但事過境遷已久。說到底，貝爾曼根本不確定勒布朗是否知道他的姓名，因為勒布朗先前總是只稱呼貝爾曼為「跟拍的」（cameraman）。

貝爾曼有一招可以再次吸引勒布朗的注意。他針對母片製作一部前導創意短片，為時十一分鐘，聚焦在高三時州冠賽輸球後，隔一賽季捲土重來奪得全美冠軍的夢幻之旅，為球隊畫下完美句點。故事發展確實如此；和勒布朗的高四球涯相比，更側重從挫敗谷底反彈的其他四位隊友。貝爾曼有辦法將影片給勒布朗的幾名前高中隊友觀看，其中一位是羅密歐・特拉維斯（Romeo Travis），因為他和特拉維斯與其他隊員有保持聯繫，和勒布朗倒是許多年未聯絡。夏天，貝爾曼回到阿克倫市停留數天，他尋求特拉維斯的幫助，詢問他：能否將影片DVD給勒布朗觀看？

貝爾曼等待一週未果，正該準備打道回府，飛回洛城。某天晚上十一點，他待在父母家中，接到特拉維斯來電，交代貝爾曼在一間加油站會面。貝爾曼赴約，正自納悶會面時的光景。兩人碰面後，特拉維斯告知勒布朗就住附近，他們現在就要前去放影片給勒布朗看。貝爾曼納悶勒布朗是否知情？特拉維斯搖頭。貝爾曼這時嚇壞了，他們大半夜當不請自來的客人？兩人還真這麼做了，而勒布朗也歡迎他們來訪。勒布朗看片時，既感傷又興奮。他將影片看了一遍又一遍，思緒回到高中歲月。這時候也不過二十三歲的勒布朗，兀自沉浸在懷舊氛圍中。

數天過去，勒布朗赴洛城，準備共同主持一年一度的年度卓越運動獎（ESPY Awards）。這場年度盛會由ESPN於美國大聯盟的全明星週舉辦。和他搭檔的是吉米・金摩（Jimmy Kimmel）。在ESPN的姊妹電視台ABC上，吉米・金摩有一檔午夜脫口秀節目。ABC也有簽約轉播NBA比賽，包括總冠軍系列戰。而那一年，適逢勒布朗的總冠軍賽處女秀。因此這齣共同主持戲碼，可說是各方關係層層堆疊的匯聚成果。

當兩人準備主持工作時，勒布朗在化妝間播放那片DVD。吉米・金摩頗愛影片內容，也提出一項勒布朗早就掛在心頭的建議：將影片製作為一支完整的紀錄片。沒過多久，貝爾曼接到卡特的來電，勒布朗等人想和貝爾曼攜手，將影片化為一支完整的紀錄片電影。貝爾曼此時心中自然浮出重大疑問：可以由他當導演嗎？答案是肯定的。對貝爾曼而言，多年來將影片留著不出售，終將得到回報。此時已距離LRMR進軍運動員經紀事業，已經過了兩年，勒布朗和卡特十分注重合作案中要取得部分決定權和所有權，而這也正中貝爾曼下懷。

貝爾曼說：「我絕對不會忘記他們打來的那一刻。我感覺他們不但想成為主導企劃的一份子，也想要發揮全力，讓這部紀錄片成功。」

此時所有人都還不知情，日後勒布朗改變商業手腕，很大原因是來自這部紀錄片。有了卡特和勒布朗擔任監製，為了啟動計畫，他們必須成立製片公司。經一番考量後，英文取名為「SpringHill Productions」（SpringHill製片公司）。命名其來有自，當初勒布朗與母親最後生活定下來，不用再四處搬遷時，居住的建案名稱即為「SpringHill」。這棟建案是中層建築。勒布朗於此度過了快樂的高中生涯。當時眾人全心全意打造LRMR的運動經紀事業，大家還一無所知，SpringHill製片公司最終起了至關重大的作用。

有了勒布朗與前隊友助拳，願意為影片額外拍攝訪談，並提供更多內容，塵封多年的紀錄片很快成形。他們和小哈維·梅森（Harvey Mason Jr.）簽約合作。小哈維·梅森看過貝爾曼的前導創意短片後，同樣感到驚艷。他先前協助拍攝歌舞片《夢幻女郎》（*Dreamgirls*），擅長製作主打音樂的電影。多年後，他也成了動畫音樂電影《歡樂好聲音》（*Sing*）的製片之一。

音樂是這一部片的靈魂，和勒布朗有交情的音樂藝人Jay-Z和德瑞克（Drake）同意跨刀，為原聲帶獻聲。一行人也將腦筋動到出書上。原來，數年前曾上映一部電影，改編自球界著名故事，主角是一九六六年西德州學院（Texas Western）與教練唐·哈斯金斯（Don Haskins）。

搭上電影[2]上映風潮，海斯金斯出版一本自傳，和電影內容相互呼應。影像與文字的異業結合，在行銷上固非新概念，但當時籃球迷頗為買單。

勒布朗先前讀過《勝利之光》（*Friday Night Lights*）一書，喜歡書中內容。這本書描述位於德州一支高中美式足球隊的故事，後來也改編為電影和電視劇。取得聯繫後，LRMR聘請原書作者巴茲．畢辛格（Buzz Bissinger），為勒布朗與其好友的高中故事共同執筆。書籍預計與貝爾曼的紀錄片同步發表。

對於LRMR團隊來說，此一機會來得正是時候。LRMR的運動經紀事業羽翼未豐，團隊已經試著拓展旗下某客戶的發展可能性，這位客戶不是別人，就是勒布朗。幾乎與此同時，LRMR團隊委請市調公司展開調查，以知名度為主要面向，深入了解市場對於勒布朗的看法。結果顯示，在死忠籃球迷之間，勒布朗擁有不錯的知名度。任一場NBA球賽幾乎都有勒布朗的身影，即使是沒有勒布朗出場的賽事，比賽休息／暫停期間所播放的廣告，有頗高機率出自勒布朗的代言產品。即便如此，他在NBA游離球迷和一般消費者的心中，並未擁有等比例的人氣。

市調公司NPD集團（NPD Group）旗下一名運動服裝產品分析師馬特．鮑威爾（Matt Powell）指出：「許多會購買勒布朗鞋款的人，都是他的球迷。他的客層很難跨出球迷圈，吸引游離球迷。」

根據早些年所簽的耐吉代言合約，勒布朗同意每年夏天前往中國進行宣傳。中國的籃球市場前景看俏，單就銷量而言，中國市場對於運動鞋廠商舉足輕重。到了二〇〇五年前後，外界逐漸相中二〇〇八年北京奧運帶來的商機。全球企業（或許特別對於球鞋廠商而言）以及全中國的焦點都著眼於勒布朗一類的明星運動員。勒布朗的二〇〇六至二〇〇七球季大放異彩，也一路殺進總冠軍賽。拜此之賜，卡特和勒布朗嗅到勒布朗的人氣即將躍進。他們希望找到嶄新商機，並期盼商機最終帶來錢潮。

勒布朗團隊展開一連串行動。起先，他們在Jay-Z和史陶德引介下，聘請公關專家基斯．艾斯特布魯克（Keith Estabrook）。艾斯特布魯克在文學界與流行界有人脈，而這兩者是卡特

2　譯按：指電影《勇闖禁區》（Glory Road）。西德州學院為德州大學艾爾帕索分校（University of Texas at El Paso）的前身。一九六六年，教頭哈斯金斯率隊以全黑人先發陣容擊敗全白人陣容奪冠，寫下傳奇性的先河。

和勒布朗想為勒布朗品牌切入的領域。

回到ESPY主持秀。為了向巴比・布朗（Bobby Brown）與其經典作〈My Prerogative〉致敬，勒布朗開場時載歌載舞，這還只是小菜一碟。勒布朗也主持深夜喜劇類綜藝秀《週六夜現場》（*Saturday Night Live*）的二〇〇七年首播，和節目班底比爾・哈德（Bill Hader）上演一齣籃球短劇。當時兩人沒有料到，多年後會成為一部電影的合作夥伴。

勒布朗也同意和新聞雜誌節目《六十分鐘》（*60 Minutes*）合作，錄製一集完整專題。訪談中，兩人造訪勒布朗的高中體育館時，勒布朗玩心大起，從半場以外遠拋，命中一顆特大號空心球，讓節目記者史提夫・克羅夫特（Steve Kroft）大為驚豔。克羅夫特以嚴謹、不苟言笑著稱，此時見狀也樂得自體旋轉一圈，勒布朗則開玩笑道：「老兄，這可是一鏡到底喔。」節目播出當週，CBS電視台將這段畫面剪入宣傳影帶。

在這段期間，LRMR開始舉辦一項年度活動，稱為「勒布朗高峰會」（LeBron Summit）。各大小代言案中合作過的企業高層均獲邀，參加為期兩天的會面，展開企業的腦力激盪活動。「勒布朗高峰會」不是說有就有，當然也不是一般運動員說辦就能辦。這場創新活動歸功於卡特的提議，以及勒布朗的號召力，才能吸引眾家企業高層，在盛夏時分於阿克倫市齊聚一堂。與會企業包括耐吉、可口可樂、Upper Deck、吉百利（Cadbury Schweppes）、Cub Cadet，還有微軟。二〇〇七年的開場晚宴講者是麥克・薛塞斯基（Mike Krzyzewski）。薛塞斯基是杜克大學教練，他於前一年夏天執掌美國國家隊兵符，因此認識陣中球員勒布朗[3]。負責公關的艾斯特布魯克則安排一名《財星》雜誌記者到場，記錄這一切。

北京奧運舉辦的前一年半期間，勒布朗遍登各大雜誌封面：《財星》、《男士健康》（*Men's Health*）、《GQ》與《VOGUE》，這是計畫的一環，為了拓展知名度。勒布朗搭上私人班機，飛往各地，在商業廣告佈景下，接受各家記者採訪。其中，《廣告時代》（*Advertising Age*）的報導作者提出臆測，認為LRMR想一舉在二〇〇八奧運結束時，將勒布朗打造為「全球性指標人物」。這段話乍聽過於雄心壯志，特別是LRMR團隊還在扭轉外界印象，想證明自身實力。然而計畫是自己的，勒布朗團隊只想不遺餘力地去執行。

3 譯按：指二〇〇六年FIBA籃球世錦賽（2006 FIBA World Championship）。

非體育線記者想寫的題材，往往會是勒布朗如何和好友合作創業。對於一名明星運動員而言，這話題並不多見，而且具有深度，是媒體單位的偏好素材。在對應媒體上，勒布朗和卡特這一對年輕企業家已有豐富經驗，擅於製造受訪機會，宣傳同期作品。隨一期又一期的專題刊出，各大刊物常見西裝筆挺的勒布朗宣傳照，LRMR團隊原本美中不足之處獲得改正。卡特的知名度提升，特別是財金界讀者對他更加認識，而卡特本人也更成為一號人物。

在這段期間，唯一發生的重大失策，不該歸責於勒布朗或卡特。二〇〇八年《VOGUE》雜誌春季刊發行時，封面人物勒布朗是這本時尚聖經史上首位非裔美籍男性，是極具突破性的手法。操刀攝影的是知名攝影師安妮・萊柏維茲（Annie Leibovitz），和勒布朗同時入鏡封面的，則是世界超模吉賽兒・邦臣（Gisele Bundchen），因此各方面都眾所矚目。萊柏維茲和勒布朗合作愉快，說服《VOGUE》編輯安娜・溫特（Anna Wintour）[4]從雜誌眾多運動員與模特兒的合照中，選擇勒布朗作為封面人物。結束《VOGUE》攝影工作，萊柏維茲還回到阿克倫市，為《浮華世界》（*Vanity Fair*）雜誌跨頁報導拍攝勒布朗相片。無奈該期《VOGUE》上架後，惡評如潮。

封面照中，只見勒布朗身著黑色背心與黑色球褲，吉賽兒則一身俐落的湖綠色禮服；勒布朗，狀似張開血盆大口，一手運球，一手搭在吉賽兒的纖纖柳腰上，吉賽兒則正自甩著秀髮。為數不少的評論者感覺這場面在模仿金剛的古早照片中，金剛摟著金髮女演員費・芮（Fay Wray）的模樣。部分人士認為這不尊重他人感受，其他人認為是不折不扣的種族歧視。我個人倒是納悶勒布朗向來能抓住流行品味，為何會浪費寶貴時間，身穿練習用的籃球服，拍攝全球知名流行雜誌。拍攝理念很顯然是要對比一位出色偉大的運動員與一位光彩奪目的模特兒，兩人分別演繹各自領域的服飾要件：運動服與高級時裝。雜誌內頁則另有一張相片，兩人靠近彼此，舞動身體曲線，姿勢優雅又帶張力。若是採用這張當封面，評論可能就是另一光景。這張照片是能顯現出萊柏維茲的攝影長才，而我認為這不重要。但是如果勒布朗與其團隊的目標是增加能見度，那麼《VOGUE》封面也算遂其心意了。

同時在貝爾曼這邊，他沉潛打拼多年後，終於完成紀錄片。一行人決定將英文片名取名

4 譯按：即小說暨改編電影《穿著Prada的惡魔》（The Devil Wears Prada）魔鬼總編輯米蘭達的角色原型。

為《王者之路》（*More than a Game*）[5]，故事固然在歌頌籃球與勒布朗，但也描述五名隊友之間的情誼與困境。其他人在片中的角色份量，和勒布朗幾乎同等吃重，這也是讓勒布朗投入的一大面向。勒布朗在片中確實是球星，這點顯而易見，但他的球風算是屬於喜歡分享球權的類型。當初現場跟拍、目睹比賽的貝爾曼也同意這點。如果過於傾向任一方，或是為了商業因素而以勒布朗為敘事重心，這部紀錄片的架構就會走樣。而以紀錄片的角度而言，電影的吸引力在於原汁原味呈現球員的私下一面，並加入公開訪談畫面，兩者相輔相成。

多倫多國際影展（Toronto International Film）同意參展後，為本片挹注大量能量。多倫多國際影展為全球最具影響力的影展之一，同意於影展開幕週末放映本片。二〇〇八年九月初，一行人飛往多倫多參加放映會，現場滿是觀影人潮。紀錄片能走到這一步，花了超過五年時間，上映後反應熱烈。

據各路媒體報導，觀眾起身鼓掌，掌聲數分鐘不絕於耳。勒布朗沉浸在掌聲中，眼淚奪眶而出。「自從我們輸掉八年級那場全國冠軍賽後，這是我第一次因為籃球或任何事情哭。」勒布朗離開放映會後說：「感受很真實。」

影展最高榮譽的「觀眾票選獎」（The People's Choice Award）頒給了《貧民百萬富翁》（*Slumdog Millionaire*），《貧》片也在數個月後拿下「奧斯卡最佳影片」大獎。第二名即為《王者之路》（*More than a Game*）。過去，曾榮獲「觀眾票選獎」影片包括：《火戰車》（*Chariots of Fire*）、《公主新娘》（*The Princess Bride*）、《鋼琴師》（*Shine*）、《美國心玫瑰情》（*American Beauty*）、《王者之聲：宣戰時刻》（*The King's Speech*）、《派特的幸福劇本》（*Silver Linings Playbook*），以及《自由之心》（*12 Years a Slave*）。

贏得第二名具有重大意義，應該說已經形同勝利。對於所有人而言，這讓人感傷，因為片中故事是他們的真實故事。而外界也對影片頗感興趣，立刻就有發行片商想洽談影片授權，此時態勢已很明顯，紀錄片會在戲院公開上映。對此，貝爾曼回憶道：「卡特兩眼閃閃發亮。他知道這會帶他們邁入新境界。」

貝爾曼所言不虛。當勒布朗等人坐在卡特母親家廚房，籌畫運動行銷公司時，八成沒談到

5 譯按：直譯為「不僅是一場比賽」。台灣片商發行時，中文官譯為《王者之路》。

這類企劃；當他們看準二〇〇八京奧商機，想順勢將勒布朗一舉打造為全球性指標人物時，這也不在設定的路線內。即便如此，他們到達了一個高度，也讓勒布朗準備大規模揮軍媒體業。

第七章——中間人

曾有一段時間，勒布朗・詹姆斯是NBA中全場推進速度最快的球員。他跨步距離大，快縮肌的肌肉素質強，能以驚異效率推動步伐。而球場以外，也不妨看看他在機場的移動速度。

職業生涯初期的勒布朗，搭乘商業班機不算罕見。當時，在特定商業場合或是騎士全隊包機去客場比賽時，他會搭乘非商業航班。固然不是每次都有，但當勒布朗必須搭乘商業航班時，習慣上他常常會壓低頭部，戴上連帽衫的帽子，快步穿過航廈。周圍民眾注意到時，他已經不見蹤影。這般速度，是我接下來想講的重點。

這種名氣帶來的不便，讓他認識傑西・伊茨勒（Jesse Itzler）。

伊茨勒與其夥伴成立馬奎斯飛機公司（Marquis Jet），以分時段出租的方式提供私人班機服務。對於想搭乘私人飛機，但無購買需求（甚至無意合資）的職業運動員或名人而言，這項服務頗具吸引力。他的企業家生涯跨足多項事業，成功致富。伊茨勒行銷公司的第一方針是透過和客戶與潛在客戶建立交情，不假他人，以老闆身分積極攻略客戶。

有一回，伊茨勒得知年輕影星班・艾佛列克（Ben Affleck）和麥特・戴蒙（Matt Damon）

將利用馬奎斯的私人班機服務，便搭乘商業航班，從紐約親赴洛杉磯。他及時抵達洛城，跳上兩人搭乘的私人班機，親自兜售公司的分時段出租班機服務。另一次的行銷對象也是好萊塢頂級客戶，他為美劇《我家也有大明星》製作人提供免費私人班機服務，換得劇中的置入性行銷機會，因為他看中此舉對於切入好萊塢市場的影響力。

這行銷手法的目標對象也包含NBA球員。伊茨勒攻略NBA客層時，訴諸非傳統行銷方式。舉一個例子：馬奎斯飛機公司曾向紐澤西籃網隊（New Jersey Nets）與紐澤西魔鬼隊（New Jersey Devils）購買贊助權，在場館內的客場球隊休息室放置廣告。這些廣告的主打對象，只有每週造訪這兩支球隊主場的的客隊球員，人數不過數十，收入數百萬美元。伊茨勒多年來是紐約當地的NBA球迷[1]，他曾有短期的歌唱生涯，最受歡迎的代表作為〈Go NY Go〉，成為一九九〇年代尼克隊的代表歌曲。他的妻子同為企業家，創辦女性內衣公司Spanx。兩人後來曾合購亞特蘭大老鷹隊（Atlanta Hawks）的部分股份。

勒布朗棄搭商業航班的決定背後，伊茨勒和他的馬奎斯飛機公司起了部分作用。雙方最初展開的是交易，最後建立的則是重要交情。伊茨勒、勒布朗與卡特之後共同合作，販賣能量片，這種能量片含入後在舌頭上就會溶化。然而，伊茨勒與其夥伴肯尼・迪希特（Kenny Dichter）帶來的最重大影響，是將勒布朗和卡特介紹給保羅・瓦科特（Paul Wachter）。

勒布朗拓展商業版圖的一路上，瓦科特可以說是挹注最多力量的單一人物（雖說他本就習於擔任幕後軍師）。瓦科特是交易的引介人，同時也是媒合人。在瓦科特的助拳之下，勒布朗至今談成多筆合作關係，並創辦多家公司，為勒布朗提高數百萬美元的個人淨值。瓦科特為勒布朗與卡特推開娛樂產業的多扇大門，協助二人善用他們的最大資源致富，即人氣。二〇〇五年後勒布朗所執行的各大商業策略，或多或少都有瓦科特在背後推一把。其中也有部分作品從頭到尾歸功於瓦科特。瓦科特向來是勒布朗生涯的一大貴人。

當初銳跑開出更高價的代言價碼，勒布朗仍投向耐吉陣營，他曾明言這是人生中最明智的商業決定，而相中瓦科特當商業夥伴，恐怕也不遑多讓。這是重重評估之後的精明選擇，不是傳統客戶會下的決定。瓦科特當時五十五歲上下，先前職涯和運動界幾乎八竿子打不著；而勒

1 譯按：敘事背景為二〇一二年以前，當時籃網隊尚未遷至紐約布魯克林。原文「an NBA fan in New York for years」未指明球隊，作者可能僅指尼克隊。伊茨勒出生於紐約，也可能基於球迷的屬地主義，支持所有紐約職業運動隊伍。

布朗與卡特不過二十來歲，做了功課，挑了瓦科特，成了明智之選。

瓦科特含著金湯匙出生，來自美國東岸的富裕地區，學經歷顯赫。他擁有賓州大學華頓商學院（Wharton）的企管碩士（ＭＢＡ）學位，以及哥倫比亞大學（Columbia University）的法律學位。瓦科特在州上訴法院擔任法官的書記官，也曾擔任稅務律師，服務於寶維斯律師事務所（Paul, Weiss, Rifkind, Wharton & Garrison LLP），在紐約為業界翹楚。他也曾在紐約投資銀行貝爾斯登公司（Bear Stearns）與其他紐約公司擔任投資銀行家……族繁不及備載。瓦科特也擔任一些高階單位的董事，並從事頗獲讚譽的慈善事業。

瓦科特的人生大轉彎，可回溯自一段於一九八一年發展的關係。當時他在州上訴法院擔任書記官，和另一名書記官成為朋友。這位書記官名為鮑比·史萊佛（Bobby Shriver），父母分別為薩金特·史萊佛（Bobby Shriver），以及尤妮斯·甘迺迪·史萊佛（Eunice Kennedy Shriver）[2]。隨後，瓦科特認識了鮑比的胞妹，名為瑪麗亞·史萊佛（Maria Shriver），是一名年輕的電視記者。瓦科特跟著認識瑪麗亞的男友，他從事健美運動，外型帥氣，一口澳洲腔英語，懷抱好萊塢星夢，名為阿諾·史瓦辛格（Arnold Schwarzenegger）。

瓦科特和阿諾結緣，並非單純因為電影。阿諾除了對健美和娛樂業有興趣，也有意發展商業，特別是不動產。靠著「宇宙先生」（Mr. Universe）等多項健美大賽的獎金，他開始於一九七〇年代晚期，在加州聖塔莫尼卡市（Santa Monica）購置公寓和零售業用獨棟建築。一九八二年，阿諾演出電影《王者之劍》（*Conan the Barbarian*）一炮而紅，成為全美家喻戶曉的明星時，早已透過前述投資賺進百萬美金。

兩人關係有所進展，阿諾也成了瓦科特的客戶。一九九七年，阿諾說服瓦科特辭職，離開服務二十餘年的業界，在阿諾旗下全職工作。此時，瓦科特在聖塔莫尼卡市成立Main Street Advisors理財投顧公司，地點就位於阿諾的辦公據點外。瓦科特為阿諾談到的第一張大型合約，是自新加坡航空（Singapore Airlines）購買一架波音七四七，然後再將原機出租予新航。投資手法罕見，卻又別出心裁，顯示出阿諾與瓦科特的合作風格。二〇〇三年，當阿諾競選加州州長時，瓦科特透過盲目信託（blind trust）的委託方式，接管了阿諾以及當時妻子瑪麗亞的

2　譯按：母親為美國前總統約翰・甘迺迪（John F. Kennedy）的胞妹。

資產。

兩人合作的早期投資對象是好萊塢星球賭場飯店（Planet Hollywood），這座以電影為主題的連鎖餐廳後來成為賭場，開設於拉斯維加斯，最終申請破產。然而重點是這間公司的行銷概念。好萊塢星球為阿諾和其他名人配股，使公司得以使用他們的姓名，出席宣傳活動，並提供一些紀念品授權。

在有增值潛力的區域找一棟公寓建築，困難度高，且有風險；買一架巨無霸客機，還放在世界另一端的亞洲，複雜度高，且也有風險。以持股作為交換，使對方穩定使用自己的「名氣」，則是更為誘人的提議，而這就是好萊塢星球當初針對阿諾的生意手法，也啟發了瓦科特後續的交易方式。

勒布朗同意請瓦科特談商業交易時，瓦科特手上已有客群，人數不多，但聲名顯赫，包括愛爾蘭搖滾樂團U2的主唱波諾（Bono）、傳奇音樂製作人吉米·艾歐文（Jimmy Iovine），以及電視製作人湯姆·維爾納（Tom Werner）。維爾納所打造的劇集有《我愛羅珊》（*Roseanne*）和《天才老爹》（*The Cosby Show*）。同樣讓人驚豔的，還有他們與瓦科特的合作長度。

瓦科特重質不重量，他刻意控制客戶人數，因為他追求長期的穩固合作。無獨有偶，勒布朗也偏好這樣的配合關係。勒布朗的商業代言獻給耐吉和可口可樂，有部分想法出自於此；他信賴卡特，也是出於類似原因。勒布朗想要細水長流的合作模式。瓦科特固然和勒布朗是頗為不同的類型，勒布朗相中瓦科特，是因為他們從背景和對話中看出，瓦科特的投資方式小心謹慎、面面俱到，是兩人最終想要合作的類型。

合作初期，瓦科特的成就之一是將勒布朗引介至全球知名投資家華倫．巴菲特（Warren Buffett）。巴菲特掌管的波克夏哈薩威公司（Berkshire Hathaway），曾是瓦科特的合作對象。這一廂，勒布朗有意認識這一位投資界口中的「奧瑪哈先知」（Oracle of Omaha）；那一頭，瓦科特曉得巴菲特喜歡和運動明星往來，有交情的球星包括棒球明星「A-Rod」亞歷克斯．羅德里奎茲（Alex Rodriguez）與美式足球明星恩達木孔．蘇（Ndamukong Suh）。瓦科特安排勒布朗飛往內布拉斯加州奧馬哈市（Omaha）和巴菲特會面。他們拍了一段短片，後來巴菲特在公司年會中播放，內容據說有巴菲特於遊戲中一對一擊敗勒布朗的畫面。兩人一同用餐，吃了起司漢堡，喝了奶昔，聊了投資策略。這一番會面賓主盡歡，而幕後推手就是瓦科特。

巴菲特於二〇〇九年前往克里夫蘭觀賞騎士隊賽事。當時他對我說：「籃球場外的勒布朗，做生意的眼光十分精準。他知道該先做哪些事情。我希望我在他這個年紀有和他一樣的商業敏銳度。」

瓦科特利用商業夥伴或人脈，為勒布朗開啟一扇門，讓勒布朗順水推舟利用他本身的名氣與影響力，這樣的合作模式後來不斷出現，滾雪球般為勒布朗帶來無數高獲利的商業合約。有時候催化劑來自卡特或勒布朗這一端的想法，有時則是瓦科特。無論如何，合作策略奏效。LRMR先前一味追求運動員，想簽下代言約，賺取佣金；相較之下，和瓦科特配合的商業模式更成功、更有利可圖。勒布朗眾好友踏入副業時從夜店趴賺取數千美元的報酬，賺錢機制來自於賓客付錢的背後目的：想親近勒布朗。本質上，這也和瓦科特的操作大同小異，但瓦科特將等級昇華至億來億去的層次，又更符合勒布朗的聲譽和商業敏銳度。而勒布朗和卡特也很快學到，找到商業合作夥伴的投報率遠高於賺取代言費。

這樣的合作概念，符合勒布朗與經紀人古德溫分道揚鑣後的期望，以及獨立操作的想法。

勒布朗心心念念，想要對本身的事業發展有更多掌控權；另一方面，也實踐了瓦科特先前職涯的收穫：要從名人客戶的案件爭取持股，然後借力使力，走長走遠。

說來難以置信，瓦科特替勒布朗談成的第一宗大型合作案，商品是自行車。NBA休賽季時的夏天，勒布朗喜歡靠自行車維持體態。勒布朗位於阿克倫市的住處靠近一處自然保護區。此自然保護區沿著蜿蜒的凱霍加河（Cuyahoga River）開展，形成距離數百英里的步道。他會挑一些日子，偕同米姆斯一騎數英里。騎鐵馬有運動效果，又不會對雙腿造成過大衝擊。

隨著卡特和勒布朗拓展商業合作，兩人發現慎選投資的重要性。勒布朗不願販賣自己不具信心的產品，最終只會引發問題。同樣地，他也不願投資自己懷疑的事物。勒布朗對單車投入，他設立基金會，以幫助家鄉當地孩童為理念。其中一項大型活動是一年一度的單車馬拉松（Bikeathon）。活動中，孩童會和勒布朗與其他名人一同踩著鐵馬，穿過城市，以協助募款。活動的一大義舉是由基金會將單車捐給沒有單車的孩童，幫助他們保持運動習慣。

在單車這一塊市場，卡特一方面納悶勒布朗是否有意與大型自行車廠商史溫自行車公司（Schwinn）工作；另一方面，瓦科特則和私募資本營運公司有往來，這間公司名為飛馬資本顧問公司（**Pegasus Capital Advisors**），其中一間控股公司為來自康乃狄克州的加能代爾（**Cannondale**），生產頂級自行車，景氣不佳時業績衰落，破產後由飛馬資本顧問公司於二〇〇三年收購。至二〇〇七年時，公司開始力求翻轉，頗有要拋售的姿態。

瓦科特透過人脈進行安排，讓勒布朗買進該公司一部分股份，卡特也獲得一小份持股。然而投資真正展開，是在勒布朗對投資對象進行一番研究，對產品有所共鳴後。該宗投資案引來全美媒體報導，增加品牌知名度，也正是以勒布朗的名氣為槓桿，為加能代爾和天馬賦予貢獻的例子。卡特建議該公司推出一些行銷活動，而由於勒布朗以愛好騎乘單車聞名，因此吻合形象，不讓外界感到突兀。這樁投資聯姻是明智之舉，儘管雙方的結合可能讓人跌破眼鏡，然而與購入波音七四七的投資案相比，不按牌理出牌的程度還差一截，但在獲益上也算是穩健的操作。

一年後，加能代爾由一間加拿大企業集團收購，而據報導，天馬的投資額翻漲將近四倍。卡特的個人投資賺進美金六位數，勒布朗則是七位數。瓦科特分得自己的那一杯羹，所有人再次皆大歡喜。投資交易雜誌《收購》（*Buyouts*）將天馬與加能代爾的商業合作評為「年度最佳突破獎」（Turnaround of the Year）獲獎人，公司並將獎盃寄給卡特，表彰其成就。

加能代爾的華麗轉身讓人振奮。勒布朗擴大了投資規模。二〇〇六年，在經紀人里昂・羅斯的安排下，勒布朗和騎士隊簽了新約，球季時薪資月入數百萬美金。而另一方面，他們投資自己真正感到興趣的標的，也獲得回報，這受惠於他們的慧眼有加，選到了一位能找到這些搖錢樹的幫手，而這也是勒布朗和卡特想如法炮製、增額投資的獲利模式。

兩人期望拓展類似投資案的商機之餘，對投資對象產生共鳴，也成為卡特幫勒布朗尋找合作案時的一大關鍵評估指標。如果這道初期關卡沒過，自然八字都無法一撇。卡特對我透露，他時不時就有美金七位數的合作提案找他，但因為過不了這一道標準，所以他對勒布朗連提都沒提。有時候他告訴勒布朗有人電洽合作案，勒布朗故意充耳不聞，倒是問起卡特要不要來點他才剛嚐過的高年份老酒。如果有產品的共鳴程度處於模糊地帶，他們會另外設法確認合作案對消費者有說服力。

以二〇一四年的案例為例。卡特注意到起亞汽車（Kia）推出一款豪華車，零售價逾六萬美元，和以往定位有天壤之別。起亞汽車擔任NBA主要贊助商已近十年，勒布朗本身在二

○○九、二○一○、二○一二與二○一三榮獲最有價值球員（MVP）殊榮時，也曾贏得車款，並將四台車均捐贈出去。當時的洛杉磯快艇隊（Los Angeles Clippers）球星布雷克．葛里芬（Blake Griffin）是這間韓國車廠的美國市場代言人，針對旗下中型房車Optima，拍攝一系列橋段巧妙的自嘲式廣告。二○一一年NBA明星週，他在最後的個人表演秀中躍身跳過一台起亞汽車的Optima，完成驚天一灌，贏得灌籃大賽，也為廠商帶來頂級行銷效果。而在起亞汽車的廣告中，葛里芬古靈精怪，發揮冷面笑匠本色，廣告效果十足。

新車款K900的品牌名稱和外貌都像BMW，這也是起亞汽車的銷售設定。卡特認為這是適合勒布朗行銷的車款。勒布朗先前未曾為大型車廠拍攝廣告，而身價百萬美元的運動員如果要賣車，卻不選豪華車款，似乎說不過去。老虎伍茲為別克（Buick）代言多年，俠客．歐尼爾（Shaquille O'Neal）也是，但後者算不上是完美人選。

葛里芬在這邊是局外人。卡特先前曾透過NBA和起亞汽車接觸，談到一台車供勒布朗試駕。得知勒布朗中意後，卡特返回起亞汽車，尋求行銷代言機會。

為了吻合行銷概念，勒布朗利用社群軟體帳號，在代言案發表前，上傳自己有在駕駛起亞汽車的內容。起亞汽車打造一支廣告，影片針對網友質疑勒布朗是否真為起亞汽車（包括高級車款）使用者，由勒布朗親自回答問題。勒布朗方甚至和TNT電視台協議，在一場比賽中電視轉播要帶到畫面，證明勒布朗賽前來到場館的車款是K900。這一招不是每個人都買單。法拉利（Ferraris）和藍寶堅尼（Lamborghinis）確實是勒布朗的愛駒，而多數比賽的代步工具是特仕版賓士（Mercedes）休旅車。即便如此，他也的確中意起亞汽車，而他本人真實喜歡這款車，是促成代言的重大因素。

在這樣的合作思維和合夥關係下，瓦科特為勒布朗搭起了一座重要的人脈橋樑。二〇〇八年，瓦科特將勒布朗引介至他的尊榮客戶之一：吉米．艾歐文。艾歐文是音樂界傳奇製作人，有著幾乎妙不可言的磁吸能力，能和眾歌星認識，獲得青睞，為他們打造巨作。他先是和約翰．藍儂（John Lennon）合作，為自己開啟職涯的傳奇先河。復活節時他曾因為和約翰．藍儂在工作室工作，惹火約翰．藍儂的家人。布魯斯．史普林斯汀（Bruce Springsteen）的傳奇專輯《為跑而生》（*Born to Run*），由艾歐文操刀製作，編製過程歷經數月煎熬。在他的說服下，布魯斯．史普林斯汀為佩蒂．史密斯（Patti Smith）譜寫〈因為此夜〉（Because the Night），這首暢銷金曲颳起了一陣意想不到的旋風。艾歐文為湯姆佩蒂與傷心人樂團（Tom

Petty and the Heartbreakers）製作經典專輯《Damn the Torpedoes》，為樂團賺進數百萬美元。他還和史蒂薇·妮克絲（Stevie Nicks）交往，成立新視鏡唱片公司（Interscope Records）[3]。

艾歐文有一位長年合作夥伴安德瑞·楊恩（Andre Young），以饒舌歌手德瑞博士（Dr. Dre）的名號為人所知。二〇〇六年，由於實體唱片銷量走下坡，串流音樂網站攻佔唱片業，兩人開始討論其他獲利方式。起初，德瑞博士提議進軍鞋業，艾歐文不置可否，表示應該從熟悉的事物下手：音樂喇叭。二〇〇八年時，兩人重新調整喇叭創業的想法，開發出他們認為有高傳真音效的大型頭戴式耳機，德瑞博士命名為「Beats by Dre」（簡稱「Beats」）。倆人這一路走來受到多人幫助，其中一位幫他們和一間澳洲廠商簽約，生產頭戴式耳機，此人即艾歐文的尊榮商業夥伴：瓦科特。

耳機乍看可能會滯銷，產品雖然冠上德瑞博士的大名，但尺寸巨大，罩住雙耳時，會以為是專業混音師的專用設備。Beats的耳機在當時並非流行款式，而且所費不貲，達四百美元，對於習慣用iPhone免費耳機或頂多購買一百美元左右高端耳機的消費者而言，Beats設定了全新的訂價區間。艾歐文向來是行銷天才，在產品包裝和製作的天賦上，兩者不分軒輊。然而Beats並無高額行銷預算，因此無法在電視或主流雜誌上宣傳進軍市場一事。

瓦科特倒是靈機一動，可以另尋合作夥伴。他想到一位影響力十足的人選，這位人選有本事讓外型巨大的高價頭戴式耳機化身為潮流標竿，這個人代言的二百美元耐吉簽名鞋款已經證明此點。然而，瓦科特知道招攬勒布朗，讓他戴上Beats頭戴式耳機並非易事。早個幾年或許還有辦法，當時只要出高價，就可能請得動勒布朗，但現在有錢也無法隨便使他推磨。要推動合作，瓦科特得另覓他法。

當時勒布朗和卡特創立的SpringHill製片公司正剛起步，準備推出《王者之路》紀錄片。瓦科特讓艾歐文加入紀錄片企劃，和勒布朗合作。艾歐文成為投資者之一，掛名監製。此舉一石二鳥，一方面使電影更有來頭，一方面也加深勒布朗與艾歐文的合作關係。艾歐文則順水再推舟，在他家舉辦影片試映。一位位有力人士到府觀賞試映時，他自然有辦法變出一、兩支Beats耳機給他們試戴。此外，直接成為電影的投資製作方，讓他和勒布朗與卡特兩人直接展

3 譯按：旗下歌手包括瑪丹娜（Madonna）、Lady Gaga、魔力紅（Maroon 5）和U2……等。

開商業接觸，共赴多倫多國際影展。

艾歐文也早就讓勒布朗和卡特用過Beats耳機，兩人表示會坦白告知感想，結果他們相當中意，那是他們本身會使用的產品。品牌冠上德瑞博士大名這一點，自然也加分不少，畢竟勒布朗從小聽德瑞博士的個人作品與其經典嘻哈團體NWA的歌曲長大。勒布朗和卡特預期產品會大賣，也預見一位位NBA球員頂著Beats頭戴式耳機的光景。

就在此時，卡特和艾歐文兩人福至心靈。卡特告訴艾歐文，球員進出運動場館時的穿著美學早已動見觀瞻，形成一種新的運動員經濟學。球員進出場館的上下車出口形同紅毯，是另類的潮流發源地。於是卡特要了整整一打的Beats頭戴式耳機，用意是讓勒布朗當作禮物，送給該年夏天一同出征北京奧運的美國國家隊隊友。這是絕妙的禮物點子，因為美國隊長途跋涉，搭機前往中國就要耗掉半天，這還不計前往北京的接駁巴士時間。而勒布朗身為世界頂尖運動員之一，當全隊只有他頭戴一支劃時代電子設備時，何妨讓隊友也一飽耳福？這一著棋別出心裁又絕頂聰明，實際效果也讓人驚艷。

球員賽前抵達場館時、離開練習場時，以及在全球百萬球迷接受採訪時，都有一支新奇的Beats耳機戴在頭上或繞著脖子。Beats耳機外型巨大、配色鮮明、外觀搶眼，加上獨一無二的商標設計，產品前所未見。在眾家球星的展示下，Beats耳機吸引外界興趣，成為想要入手的單品。

Beats既沒有學耐吉與可口可樂，斥資百萬美元向國際奧委會（International Olympic Committee）購買贊助資格；Beats也沒有大灑幣買下昂貴廣告，在球賽間播放；Beats更沒有找身價數百萬美元的運動員代言產品。然而，一干球員形同人肉廣告牌，替Beats宣傳耳機，而這多虧勒布朗在背後助拳。

在這之前，可口可樂為了打造賽場上的行銷效果，砸下重金，在先前的全明星週時，請姚明和勒布朗同台。他們兩人飛往位於克里夫蘭市的一間倉庫拍攝廣告，這是勒布朗生涯唯一一次得站在踏台上，否則無法和身高七呎六吋[4]的姚明同框。可口可樂這招固然酷炫，但Beats幾

4 譯按：二百二十九公分，部分媒體報導則是二百二十六公分。

乎無中生有的手法，有著更強的影響力。從艾歐文的角度來看，他等於是以瓦科特為支點認識卡特和勒布朗後，再以兩人為槓桿，花點小錢投資紀錄片，最後的行銷效果形同揮出一支滿貫砲。Beats行銷案例也延續先前的佈建脈絡：卡特構思，勒布朗執行，瓦科特連結人脈，結果皆大歡喜。

瓦科特入主Beats董事會，成為委員之一，之後推動合作，讓勒布朗成為Beats的商業夥伴。勒布朗同意為Beats產品宣傳之餘，也取得一小份持股。京奧時的送禮行銷策略，成了公司的核心行銷手法。下一球季，勒布朗為騎士隊隊友和全明星賽隊友獻上客製化耳機。數年後的二〇一二倫敦奧運期間，Beats再下一城，租了一間建築，打造成「僅限運動員進出」的會所，歡迎各國運動好手來此打發時間，甚至暗示是運動員之間約會聯誼的私人會所。來訪者獲贈Beats耳機，耳機配色則是所屬國家的代表色，當他們離開時，又成了Beats的人體宣傳看板。Beats和願者上鉤的運動員，又一次配合出精采行銷。

往後六年，勒布朗持續為Beats宣傳。Beats最終也走上電視廣告的路，勒布朗是首支廣告的主打代言人，廣告於邁阿密市區一間旅館的運動場地拍攝。他特地宣傳體積較小的耳塞式產品，籃球選手可以在練球時戴上此款耳機。

「勒布朗帶給我們很多概念，其中之一是聲音對運動表現的影響高低。」Beats總裁路克・伍德（Luke Wood）對此說明：「聲音給了運動員需要時可以抽離自己的空間；聲音給了運動員所需的靈感；聲音幫助運動員準備比賽。勒布朗不只是幫助我們行銷產品，他還幫我們拓展產品概念。還有因為他自己也用我們的耳機，他又是全球最知名的運動員之一，我們的產品成為話題。」

時序進入二〇一〇年後，Beats耳機在幾年內幾乎人手一支。勒布朗本身有許多不同的特殊款式，如同所代言的耐吉一樣，成為行頭的一部分。二〇一四年，Beats人氣達到巔峰之際，蘋果（Apple）以破天荒三十億美元的價格現金收購。價碼之高，同時震驚業界和華爾街。當時Beats賣耳機之外，自身也發展音樂訂購服務。後者倒是諷刺，因為驅使艾歐文和德瑞博士一腳踏入耳機業界的最初原因，就是受到這類新興音樂服務的刺激。

Beats成長的那些年，也接受投資和融資。據《富比士》（*Forbes*）雜誌報導，出售時，德瑞博士持股比例為二五％。對賣家而言，是一生最大的一筆商業交易，賺進數億美元。而對於一開始就進場幫助Beats起飛的勒布朗而言，投報率也是高得驚人。

公司售出後，勒布朗拿到一張支票，金額逾五千萬美元，Beats收購案成了他生涯第二高的商業交易案，僅次於耐吉代言案。他和公司也談好售後關係，持續進行宣傳，這也為他和蘋果牽上了線。

勒布朗和卡特踏足經紀行銷與投資時，夢寐以求的就是這樣的成果。不用說，品牌獲利的楔子就只是和勒布朗搭上線，當然居於其中的還有其他領域的有力人士，特別是音樂界的人物，他們都為Beats的壯大起了作用。艾歐文這一端舉足輕重，他不遺餘力，將產品推銷給本身人脈的各家名流；Beats最後能出售，瓦科特那一頭的功勞也不遑多讓，他展開一些緻密的法律操作，為Beats取得更多決定權（一位公司前合夥人為此控告德瑞博士、艾歐文和瓦科特欺騙，最後法官駁回此案）。最後，大家都進帳可觀獲利。

勒布朗的核心團隊中，每一人都扮演重大角色。瓦科特固然早已是勒布朗的組織要角，但Beats案為勒布朗佈建的紐帶，可以延伸一生，而其中佈建的關鍵在於人脈網絡、長期思維與價值運用。

Beats出售後數個月內，德瑞博士斥資四千萬美元，購入美式足球明星湯姆・布雷迪（Tom Brady）和吉賽兒・邦臣夫妻的豪宅，地點位於洛杉磯外的布蘭特伍德（Brentwood）社區。不久後，勒布朗也在洛城買下私人豪宅，價碼是二千一百萬美元。

然而這還只是序幕，隨之而來的是一宗規模更大的交易案。

第八章——頂級富豪的夏令營

愛達荷州太陽谷（Sun Valley）舊幣路（Old Dollar Road）沿途一排的鄉村小舍，外觀古樸而又奢華，從前院平台可眺望鋸齒國家森林（Sawtooth National Forest）的群峰，湖畔停滿槳船，高爾夫球道則由高爾夫球場設計名家羅伯特・特倫特・瓊斯（Robert Trent Jones）一手操刀。這些鄉村小舍一晚租金高達三千五百美元。

在七月的第二週期間，愛達荷州中部正逢盛夏，私人班機接二連三抵達弗里德曼紀念機場（Friedman Memorial Airport）。旋鈕山燒烤餐廳（Grill at Knob Hill）後院一排排花群簇擁。每天傍晚時分，一客客烹製得恰到好處的菲力牛排和新鮮鱒魚從廚房出菜。威士忌雅各音樂與運動酒吧（Whiskey Jacques）的二樓，有一處用紅繩圍起的特別區，當中的卡拉ＯＫ設備品質奇差無比，所幸已備妥保密協議，不怕有人洩露。七十五號美國國道（Highway 75）上開來一輛輛豪華休旅車，車窗均裝設有色玻璃。

自一九八三年起，投資銀行艾倫公司（Allen & Company）的媒體見面會搖身一變，成為所謂「頂級富豪的夏令營」。活動為期四天，採邀請制，已成為眾媒體大亨腦力激盪、生意談判與社交聯誼的場合。據說，美國線上（ＡＯＬ）與時代華納（Time Warner）併購案就是在太陽谷秘密籌畫；葛蘭姆（Graham）家族將《華盛頓郵報》（*Washington Post*）賣給亞馬遜（Amazon）創辦人傑夫・貝佐斯（Jeff Bezos）一案，最初的談話也是在此展開。其他案例族繁不及備載。

二〇〇九年聚會中，出席的老面孔包括：比爾・蓋茲（Bill Gates）、華倫・巴菲特、馬克・祖克柏（Mark Zuckerberg）、芮德史東（Summer Redstone）……等等。然而，與會的企業巨擘中，無人料到此時現身的一張新面孔：勒布朗・詹姆斯。勒布朗來訪的目的是參加小組座談會以及獨家Q&A問答活動，還有體會當一名媒體高層的感覺。

數年前，卡特搭乘騎士隊老闆丹・吉伯特（Dan Gilbert）的一架私人飛機，在球季開幕戰之前，從紐約飛往克里夫蘭。同行者有艾倫公司高層史蒂夫・格林伯格（Steve Greenberg）。吉伯特透過艾倫公司的協助，於二〇〇五年買下騎士隊，是艾倫公司的尊榮客戶。介紹寒暄後，卡特詢問格林伯格，他和勒布朗要如何取得太陽谷聚會的邀請。卡特聽過聚會一事，讓格林伯格大吃一驚。身為勒布朗的經紀人，卡特曾有一段時間難以取信他人，因為外界以為他是勒布朗圈子中逢迎拍馬的跟班，為此卡特力圖導正外界認知。自我推銷時，卡特很難使人相信他對進軍媒體產業興味盎然。

卡特慢慢成功導正，他事先做好功課，熟悉業界，機會一來時（如跟格林伯格攀談時），他就能把握機會，延伸人脈。吉伯特是每年七月太陽谷聚會的常客，他先前就鼓勵勒布朗與會，但勒布朗因為美國隊行程而難以成行。在二〇〇六至二〇〇八這三年的夏天，勒布朗大半時間都得披上國家隊戰袍，而二〇〇九年終於得以躬逢其盛。

進入二〇〇九年夏天，紀錄片《王者之路》先前的籌映過程讓勒布朗和卡特感到振奮。紀錄片導演貝爾曼帶兩人認識媒體界，其實應該說帶他們深入這個業界。一行人也開始和新夥伴合作，對象為好萊塢經紀業界巨擘威廉莫理斯奮進娛樂公司（William Morris Endeavor，簡稱「WME」），目的是為紀錄片找到發行片商。他們盼能和片商簽約，讓紀錄片於戲廳上映。宣傳方面，勒布朗所信賴的贊助商耐吉與可口可樂也承諾會部分出資協助。影片在多倫敦國際影展颳起旋風後，引爆小型競標戰，新的媒體高層依靠Beats案中認識的新夥伴艾歐文搞定合約。勒布朗等人總共和七間發行片商會面，他們都有意購買版權。

貝爾曼說：「卡特參加所有廠商自薦的宣傳會，他交給艾歐文打理場面。艾歐文走到哪裡，他的夥伴瓦科特都在旁邊。這是他們談生意的配合方法。」

卡特就這樣亦步亦趨學做生意，最後由片商獅門娛樂（Lionsgate）以數百萬美元的價碼標到。一如卡特所料，這番經驗將勒布朗等人帶往新境界：他們現在的開會對象是影業高層，並交由艾歐文旗下的新視鏡唱片公司打造原聲大碟。

勒布朗與卡特在夏天展開一年一度的中國行，出席耐吉和可口可樂的代言活動時，由於紀錄片也將與美國海外上映，此行成為影片宣傳的國際之旅。中國行也是國際宣傳利器，勒布朗於活動中宣傳的不僅是合作夥伴，還有打開紀錄片知名度的相關人士。

他們第一站來到馬里蘭州銀泉市（Silver Spring），是《王者之路》在美國初次亮相的地點。這是值得紀念的一天。勒布朗在前往華盛頓特區郊區前，先作客白宮，偕同卡特、里奇·保羅和米姆斯，成為總統巴拉克·歐巴馬（Barack Obama）的嘉賓。四騎士一幫人數年前才因缺乏經驗和方向遭到訕笑，現在卻身處美國總統日理萬機的橢圓形辦公室，調整和總統合照的姿勢。先前勒布朗在選情膠著的俄亥俄州為歐巴馬站台，前一年秋天的總統大選，歐巴馬成功贏得俄亥俄州。白宮的邀請函，不啻是勝利者的戰利品。

紀錄片訂於秋天上映，在此之前已安排於另外九座城市舉辦放映會：美國為紐約、芝加哥和洛杉磯，中國為北京、上海和瀋陽，在歐洲為倫敦與巴黎。在勒布朗家鄉阿克倫市，則另外鋪設紅毯，舉辦完整首映會。每一場放映會中，勒布朗均親自出席Q＆A問答座談會，另安排媒體訪談時間。宣傳之旅的陣仗，簡直能媲美暑假的電影大檔。來自多倫多國際影展的好評、發行片商的需求，以及耐吉的支援，《王者之路》的宣傳待遇是任何紀錄片難以想像的規模。

對勒布朗和卡特而言，《王者之路》的經驗教他們如何針對一項大型企劃，利用名人效應、電影敘事、需求供給和合作關係等要素。即便如此，電影並未成為一棵搖錢樹。上映後的影評反應不比多倫多影展的好口碑，觀眾也不捧場。儘管媒體多有報導，但他們沒有去爭取試映廳數。最後，《王者之路》全球票房僅九十五萬美元。雖然有獲提名視為重大榮譽的獨立精神獎（Independent Spirit Award），但並未得獎。書籍由巴茲·畢辛格代筆，內容以勒布朗視角撰述，英文書名為《Shooting Stars》[1]，儘管《浮華世界》還特撰書摘宣傳，最後銷量卻令人

1　譯按：台灣於二〇一〇年出版譯本，書名為《流星射手：NBA小皇帝詹姆士的王者之路》。英文原書名直譯為「流星」，命名自一支青少年AAU球隊，為勒布朗等人初次獲得球界關注的原點，勒布朗與其好友在十至十一歲時於該隊認識；更改後的書名直譯為「勒布朗的夢幻球隊」。

失望。畢辛格想和這本書脫鉤，平裝版上市時，英文書名改為《LeBron's Dream Team》，封面抽走了畢辛格的名字。

影片叫好不叫座，在多倫多獲得一片精采好評，最後卻難以讓觀眾買票進場。這結果固然讓人失望，但勒布朗與其團隊最後仍從發行權利金獲利，過程中也學到不少新事物。

得以參加艾倫公司的太陽谷聚會，也是在新領域奠基的另一塊磚瓦。勒布朗和卡特發現媒體界大人物會想和他們談生意，商界和娛樂界人士有時將自己的私人飛機借給勒布朗，以便加深人脈或爭取會面。

過去二十五年來，布萊恩．葛瑞澤（Brian Grazer）是好萊塢最成功的製片之一。身為勒布朗的球迷，他甚至連絡上卡特，並安排會面。同行的還有他的幼子，也非常喜愛勒布朗。和勒布朗與卡特會面若干次後，三人構想了一部電影，內容是由勒布朗舉辦一場夢想籃球營。

葛瑞澤找來一些名寫手，電影製作計畫在《綜藝》（*Variety*）週刊專文發表，彷彿是在宣布湯姆．克魯斯（Tom Cruise）的新片計畫一般。葛瑞澤是製片界的佼佼者之一，那些年經手的作品包括《最後一擊》（*Cinderella Man*）、《達文西密碼》（*The Da Vinci Code*），以及《請問總統先生》（*Frost/Nixon*）。他想連絡勒布朗，將他打造為電影明星。這不是新鮮事，過去數十年來早有運動員跨足電影演戲。然而勒布朗和卡特將此當作電影事業的一環：對他們而言，這不只是關乎演戲，更關乎整部電影的決定權和獲利機會。《王者之路》開了一道口子，葛瑞澤的計畫提議則是下一步更重要的棋。葛瑞澤的《Fantasy Basketball Camp》（暫譯：夢想籃球營）[2]正式計畫於隔年二〇一〇年夏天開拍。

於是，勒布朗現身太陽谷聚會時，他獲得的待遇常常像是在場的最重量級巨星般。前不久，他才剛獲得生涯首座例行賽MVP。前一個球季，耐吉推出一項新的宣傳活動，勒布朗扮演四種不同版本的自己，並且大秀演技，外界開始討論他跨足電影演員的可能性。

贏得NBA冠軍絕非易事，當時的勒布朗還未登上這座高峰；找到有前景的運動員代言，同樣競爭激烈；物色有願景的企業展開投資，彷彿大海撈針。然而說到經營製片公司，往往是由創作者拎著企劃案來兜售。勒布朗和卡特需要耐心，但有的是成堆的點子可以挑，這點

2 譯按：原電影企劃為喜劇，五個角色赴拉斯維加斯，參加勒布朗所舉辦的籃球營，達成自己的夢想。

頗具吸引力。

當時勒布朗已簽到許多優質代言。和史陶德與其行銷公司Translation之間培養的合作關係也在收割成果。二〇〇八年，卡特和史陶德攜手合作，從州農保險公司（State Farm）獲得一筆大訂單。拜此之賜，由勒布朗、米姆斯和里奇・保羅主演的廣告得以於超級盃放映。州農保險公司盼將經營觸角延伸至年輕族群，因此相中勒布朗擔任宣傳要角之一。卡特和州農保險公司協商的合作層面也包含重要的慈善公益：州農保險公司會以勒布朗的名義捐款翻修數座籃球場館。

勒布朗造訪太陽谷之前，卡特和史陶德已正式商洽多次，最後談成一筆複數年合約，客戶是麥當勞。卡特先前已和麥當勞協議近四年，在史陶德的協助下拍板定案，勒布朗因此每年進帳逾三百萬美元。團隊再展開超級盃廣告合作，復刻一支經典的麥當勞廣告。原版廣告中，麥可・喬丹和「大鳥」賴瑞・柏德（Larry Bird）玩HORSE投籃賽[3]，賭注是一份大麥克堡。

卡特也和微軟再續前緣。代言協議中，將以勒布朗為中心，拍攝Xbox電動遊戲廣告。另外和EA Sports和2K Sports等遊戲品牌之間，也簽下大型合約。卡特在哈佛商學院（Harvard

Business School）演講時，將這一例作為個案研究的一環，向同學描述他和勒布朗偏好的合作模式。卡特取得為期多年的合作提案，價碼約三十五萬美元，針對電玩遊戲出售勒布朗肖像權。卡特卻沒有跟進，而是從微軟手中收取一年二十五萬美元報酬，外加高達二〇%的分潤，分潤高低依據該新款遊戲的銷售表現。商業操作的重點全在於持股和決定權。

秉持這樣的操作手法，卡特之後談判一樁最重要的合作案，他事後向我描述是「我一直努力用生命談來的合約」。

合作對象是耐吉，雙方要再上談判桌。勒布朗於二〇〇三年簽下為期七年的協議，這張約將於二〇一〇年春天到期。在當時簽約至今，卡特內外兼修：對外，他取代亞倫·古德溫，成為勒布朗各行銷案的主要談判者；在內，他已於耐吉服務多年。而談第二張約時的攻防對象將會是卡特的老同事，他會對上當初在耐吉帶領他的一位前輩：林恩·麥利特。

勒布朗鞋款前六年銷量良好，但不到出色。據業界分析師指出，這前六年中，雖然勒布朗

---

3 譯按：玩家於不同定點輪流投籃，失手的球員會依序拿到「HORSE」五個字母，集滿後出局。

簽名鞋款的海外銷售額有數百萬美元，讓他能在合約中另談獎金條款，但美國境內銷量通常每年不到一億美元。總體來說，數字不俗，但在賣鞋這一塊，勒布朗還稱不上是麥可．喬丹的接班人。

據業界分析師指出，和勒布朗鞋款的銷量相比，二〇〇〇至二〇〇九年間，耐吉旗下的喬丹品牌每年賣出十億美元；時序進入二〇一〇年後，每年已成長至逾二十億美元。喬丹能從銷售總額分一杯羹，每年權利金有數千萬美元之譜。

對此，前耐吉副總裁瑞克．安奎拉（Rick Anguilla）說：「麥可．喬丹的情況太特殊了，那恐怕是無法複製的商業模式。他完全是另一個檔次，是不一樣的。」。

耐吉對勒布朗的銷量滿意，迫切想要重簽代言。然而這一次沒有擠破頭的搶奪大戰，也沒有破天荒的合約價碼。耐吉不願意大幅增加勒布朗的年度保障金額（一千一百萬美元）。雖然有延展合約的選項，但卡特偏好另立新約，部分用意在於LRMR能確保成為經紀方，收取佣金。因為勒布朗和前經紀人古德溫分道揚鑣後，古德溫仍能從耐吉協議收取佣金，因為他是當初談約的經紀方。

勒布朗第六年推出的鞋款設計深受年輕球迷喜愛，銷量適逢最高點，這有利卡特談判。針對另立新約一事，卡特總計花了一年半和耐吉諮商。二〇一〇年年初，雙方於勒布朗進入自由球員市場前敲板定案，合約為期八年，最終價值逾一億美元。

在談約的二〇一〇年當時，耐吉這間體制成熟的跨國企業年營業額將近二百億美元，不會提供權益獎酬機制。然而，卡特心心念念，想要讓分潤機制納入合約包裹，以收水漲船高之效，耐吉賣愈多鞋，勒布朗賺愈多錢。

合約談判適逢天時地利。勒布朗剛拿下第二座聯盟MVP，處於球涯的巔峰時刻，預計人氣和鞋款銷售額會飆漲。到了二〇一三年時，鞋款銷售額突破一年三億美元大關。往後數年又再成長，據業界分析師表示，勒布朗權利金進帳數千萬美元。

到了二〇一〇年時，靠著手上的代言（耐吉、可口可樂、州農保險公司、麥當勞、Upper Deck、Beats和微軟），勒布朗一年的代言獲利將近四千萬美元。當時《富比士》雜誌的現役最高收入運動員排行中，將勒布朗排在第三，前兩名為老虎伍茲和科比・布萊恩。卡特對於舊約一方面或是展延，或是重談，另一方面也爭取新約，想為勒布朗創造穩定的局面。然而，LRMR未能成功延攬其他運動員，因此經紀事業上事與願違，做不出成績。最終里奇．保羅離開LRMR，和經紀人里昂．羅斯前往美國經紀業界巨擘CAA任職。卡特和瓦科特則計畫將勒布朗的運動經紀事業部分委外。

有了多項長期合作案在手，卡特因此想另謀商機。他興致勃勃，深入媒體的動機強烈，這樣的心思，讓他和勒布朗在媒體上迎來前所未見的一大局面。

第九章——帶著我的天分

二〇一〇年二月，一天早上老虎伍茲走進一處俱樂部的會廳，俱樂部位於佛羅里達州龐特維德拉海灘（Ponte Vedra Beach）的TPC鉅草地高球場（TPC Sawgrass）。老虎伍茲於自家門口發生車禍，一連串出軌行為跟著攤在陽光下，事件一燒三個月，伍茲來到會廳對此道歉。他讀稿時站在一面素簡的小講桌前，身後是藍色布簾。此間聚集數十名聽眾，包括親友和若干經過細選的媒體記者。十五分鐘的聲明後，伍茲不留發問時間，逕離講台，並擁抱他的母親。他的母親坐在前排，入鏡位置完美。整場道歉會的播放平台包含數間大型電視台和所有有線新聞頻道，獲得頂級曝光率。

勒布朗本人和身邊至友高度關注。他和伍茲打過照面，那是醜聞爆發數年前，勒布朗前往奧蘭多作客魔術隊的比賽時，當時伍茲坐在場邊第一排座位。兩人交換手機號碼，伍茲將勒布朗的號碼輸入於現在已過時的掀蓋式手機。日後髮妻握在手中，發現不堪訊息，使伍茲捲入如此多麻煩的手機，便是這一支。勒布朗和伍茲均為耐吉旗下的頂級代言運動員，兩人有搭上線，但不算朋友。勒布朗在娛樂界和運動界都有人脈，但未擴及高爾夫球界。即便如此，這並非是勒布朗一行人關注伍茲醜聞發展的原因，他們在意的是伍茲如何處理具敏感性的對外發言。

在超過三百間媒體單位鋪天蓋地的報導下，伍茲的道歉聲明成為當時運動界的最大條新聞。媒體報導沸沸揚揚，然而，伍茲和美國職業高爾夫巡迴賽（PGA Tour）並沒有隨之起舞，他們將幾乎所有媒體請到萬豪酒店（Marriott）的一間分館，媒體必須於此透過閉路電視觀看伍茲的發表。此舉固然激怒部分媒體，美國高爾夫作家協會（Golf Writers Association of America）也發動杯葛，但卻讓伍茲對整起活動的上台發表有掌控權，媒體無法逼問伍茲不願談論的話題。

在美國職業高爾夫巡迴賽總部宣布道歉聲明，此舉讓伍茲得以交由總部的人處理場面，在某些方面而言，也能掌握部分動線。道歉聲明縱然不是值得驕傲的時刻，伍茲的名聲也遭到重創，但外界虎視眈眈，想捕捉伍茲的第一反應，對此伍茲與其管理團隊卻能找到施力點，並發揮至最大價值。部分公關專家跳出來抨擊此舉，表示整起操作中，格外過分的是召開記者會，卻不讓記者進入現場，形同孤立那些記者會後有發文影響力的媒體人員。而從勒布朗等人的角度來看，伍茲處理重大聲明的做法，倒是讓他們眼睛一亮。

勒布朗將於那年夏天轉為自由球員（ＦＡ），而大約就是從伍茲記者會後，卡特開始思考

ＦＡ的聲明方式。當時勒布朗效力克里夫蘭騎士隊已來到第七年賽季，球員合約即將走完。過去兩年間，其他球隊早已開始摩拳擦掌準備招募，並清出薪資和球員空間，準備獻上一億美元的合約。尼克、籃網、快艇和公牛等位於大市場的球隊準備招攬勒布朗，籌碼愈堆愈高。二〇〇六年勒布朗展延合約時，是以電話通知媒體的方式進行聲明，而對於勒布朗這次投入ＦＡ市場，重要性和關注度更加有過之而無不及。過去七年間，卡特和勒布朗持續想方設法，尋找（甚或創造）以勒布朗姓名、肖像與影響力獲利的價值。當勒布朗決定投入ＦＡ市場，其聲明也將潛藏巨大商機。因此他們認為，若是透過公開記者會或聲明，會將商機拱手讓人。

媒體與明星運動員之間存在著共生關係，透過媒體讓大眾得知他從事的各類活動和慈善公益，會有助於大眾更認知運動員，此點彌足珍貴之外，也會拉提銷量。勒布朗固然了解這一點，但媒體從他身上撈好處的方式，有時使他不耐。因此，何妨自己操作顯然原本就屬於自己的活動，好讓肥水不落外人田？能思及此點，可以說是具有相當的商業敏銳度。

然而，必須考量到大眾觀感。若勒布朗直接出售自己的ＦＡ聲明，在大眾觀感上可能引發疑慮，這向來是他們十分敏感的面向。早期他們以四騎士自稱，舉辦相對廉價的活動（如以一人三百美元的價格舉辦派對獲利）時，總是會確認要宣稱一部份收益會捐作善款。

多年過去，無論是商業操作或是慈善義舉，勒布朗等人處事更為老練。再怎麼說，捐款公益不但能做善事，也能針對充滿銅臭味的商業行為，磨掉若干負面觀感。卡特的盤算是，出售ＦＡ聲明能收到此種效果，儘管是一種操作力道強的策略，重點是利用ＦＡ聲明籌得善款，創造一連串名利雙收的效果。

對於相關討論和想法，一行人必須先鴨子划水，浮出檯面會影響勒布朗進行中的賽季。勒布朗那些年正是黃金時期，騎士隊也獲得巨大關注，該年球季[1]的新增成員有俠客·歐尼爾，俠客雖是老將，但仍備受矚目；騎士隊也透過季中交易找來全明星身手的安東·傑米森（Antawn Jamison）。騎士隊例行賽獲勝六十一場，以第一種子之姿闖進季後賽；勒布朗榮獲生涯第二座ＭＶＰ，為那一年的驚奇球季畫下句點。

當勒布朗來到阿克倫大學羅茲體育館親自接過此榮譽時，他也邀請球迷來現場觀賞。一陣盛大歡迎後，他站上講台說：「我愛阿克倫，這裡永遠都會是我的家，也會是我的人生。」此話一出，使某些人斷定他成為ＦＡ後，不會離開騎士隊，當然也會留在阿克倫市。以結果論來看，這番推論並不正確。

然而，勒布朗團隊正悄悄構思操作模式。最初的FA操作想法，主要是針對勒布朗口袋清單中的各隊，造訪所在城市，這也能打開若干商機。對此，曾有媒體報導，耐吉將針對這些候選隊伍，個別打造所屬配色的勒布朗鞋款，後來耐吉官方發出公開聲明，否認此一傳聞。

到頭來，這些都無足輕重。若要說勒布朗與其眾好友的一大特點，那就是他們總是以大格局思考，他們的成就某些方面也歸功於此。二〇〇五年，他們開始自力操作[2]，就是大格局思考的一例。而面對勒布朗初次成為FA，隨著話題愈炒愈熱，他們玩得更大了。

這邊指的就是電視特別節目《世紀決定》（*The Decision*）[3]，於二〇一〇年七月八日在ESPN播出。這是勒布朗和卡特的最大型商業操作，最後迎來的，恐怕是是兩人生涯的最低谷。

1　譯按：二〇〇九至二〇一〇年球季。

2　譯按：指二〇〇五年勒布朗和名經紀人古德溫分道揚鑣，與眾好友創立LRMR公司一事。

3　譯按：本節目並無官方譯法，華語圈媒體至今多用原文，本書譯為《世紀決定》（The Decision），凸顯冠詞「the」的指涉力，並反映《The Decision》之於近代NBA球員組團的部分影響力。惟以中英對照，使球迷一目了然。

走筆至此，一路看到這的讀者會發現，在勒布朗和卡特自立後的前五年，他們的商業操作可以說是且戰且走：他們曾經站上精彩高點，錢潮滾滾而來，手邊多的是合作提案等他們挑；他們學習物色廠商，想找到既有賺頭、又有共鳴的產品；他們剛接觸媒體界時初出茅廬，此時經驗已半深不淺。在黃金時段推出特別節目，先別說會增加可見度，甚至會推向另一高峰。如果沒有意外，《世紀決定》會為運動界寫下具有歷史意義的一頁，見所未見，聞所未聞。

這些全都事與願違，聲譽不進反退，而且一退好幾年。

以某些方面來說，勒布朗團隊的不幸之處在行銷概念太前衛。賦予運動員主動權，由運動員掌控訊息傳達的場面，若以這樣的角度檢視此一操作，目前已蔚為流行。高中明星運動員宣布所選大學也好，其他NBA球星執行FA選擇也罷，《世紀決定》改變了操作手法。運動員宣布動向時，成為媒體場面的掌控方，現今已習以為常，這說穿了和《世紀決定》如出一轍。操作手法固然各有優劣，但毫無疑問地，《世紀決定》改變了業界生態和外界的接受度。如果硬要說《世紀決定》帶來的正面影響，會是在這一層面上。然而，幾乎沒有人願意甘冒大不韙歌功頌德，因為沒有人想淌這灘渾水。

如果這場特別節目以不同的手法操作，勒布朗和卡特的生涯，可能從此添上改革創新的光榮一筆。反之，實際上卻成了陰魂不散的腳鐐，一纏多年，即使將近十年過去，至今仍芒刺在背。

《世紀決定》的構思在二〇一〇年總冠軍賽成形。該年東區季後賽第二輪，勒布朗與所屬第一種子騎士隊遭第四種子波士頓塞爾提克隊（Boston Celtics）淘汰。勒布朗系列賽中數場表現均差強人意，其中以第五戰為最，此役敗北[4]也讓騎士隊幾乎宣判出局。勒布朗之後神隱，幾乎切斷和球隊與任何人之間的通訊往來。他再次露面的場合耐人尋味，是在總冠軍賽開幕時，接受CNN名主持人賴瑞・金（Larry King）訪問，為時有一個鐘頭，但幾乎沒有看頭，一位是籃球界年輕球星，一位是脫口秀主持老將，兩人完全沒有火花。

數天後的週日晚上迎來總冠軍戰系列賽第二戰，卡特來到洛杉磯觀賽，由湖人於主場面對塞爾提克。塞隊才剛擊敗騎士，一舉闖入總冠軍賽。中場休息時，吉姆・格雷（Jim Gray）向

4 譯按：勒布朗當天十四投三中，命中率二一・四%。

卡特攀談。格雷從事體育播報，知名度來自過去針對大牌運動員的訪問引起話題，訪問對象包括拳王穆罕默德・阿里（Muhammad Ali）、安打王彼得・羅斯（Pete Rose）、科比・布萊恩……等等。格雷數度訪問過勒布朗，包括選秀當晚的訪談。勒布朗首場ＮＢＡ比賽中，格雷坐在場邊第一排座位。兩人有交情，但不算非常親密。身為記者時，格雷的訪問風格以尖銳提問著稱。在總冠軍戰系列賽第二戰中場休息時，格雷從座位起身，來到場上，直接走向卡特。他來比賽的主要目的並非向卡特攀談，但他見獵心喜，想針對勒布朗的ＦＡ選擇結果，從卡特身上撈到首訪。卡特有興趣，但並未承諾。

當時的格雷雖然也曾試著接洽，但已經好幾年沒有成功邀訪大牌運動員了。他沒有讓卡特給他敷衍的答案。格雷提出一個點子：他建議勒布朗和ＬＲＭＲ向一間電視台購買播放時間，於該時段宣布勒布朗的ＦＡ決定，中間廣告利益歸給勒布朗，取得整場節目主導權。當然，格雷提議由他主持。只能說，這一招的確算大格局思考。

格雷說：「我必須說，這不是醞釀已久的想法，我是當下不經意說出來的，算是靈機一動。」

畢竟是湖人主場，現場自然有一些媒體界大老。格雷的想法很快就不只是個想法。卡特和格雷身邊的球場前排座位，剛好坐著艾里・伊曼紐（Ari Emanuel）。伊曼紐為好萊塢名經紀人，也是好萊塢大型經紀公司威廉莫理斯奮進娛樂公司（WME）的共同執行長。他聞言後感到興奮，並勸進卡特。

卡特先前曾在洛城與大衛・葛芬（David Geffen）談過話。這位位列十億美元俱樂部的媒體大亨也在現場，他聽到後，也對這項提議背書。卡特讀過關於葛芬的一本書，書名為《The Operator》，於二〇〇〇年出版。卡特讀過後，十分欣賞葛芬，辦公室書櫃上也放了一本（諷刺的是，一開始雖然有葛芬合作，但他本人討厭這本書，並與書撇清關係）。卡特與葛芬相識，是透過艾歐文的引介，艾與葛兩人在新視鏡唱片公司合作多年。一層層人脈網絡持續交織開展。

卡特先前曾和葛芬會面，談論一項希望渺茫的瘋狂計畫。洛杉磯快艇隊是當時清除薪資空間，準備於七月延攬勒布朗的眾多球隊之一。對於落腳洛城，勒布朗有些意願，並且也有意和快艇陣中年輕球星葛里芬搭檔，但只要老闆還是唐納・史特林（Donald Sterling），勒布朗就不想效力快艇。史特林是NBA中惡名昭彰的人物，多年來受到許多自己的球員、教練和員工厭惡。葛芬有意買下快艇，那些年許多洛城商人也有此意願，因此兩人曾計畫利用勒布朗的FA資格，讓史特林出售控股權益。

兩人原本的計畫大體上是：史特林會以幾乎破紀錄的價格賣掉快艇，然後勒布朗再承諾加盟，此舉可立刻提升球隊的關注度和價值。相較於其他更差的想法，這會是一項終極操作：一名自由球員逼得球隊老闆換人。NBA官方大概會支持此舉，當時聯盟主席大衛・史騰（David Stern）絕對稱不上喜歡史特林，多年來早就希望他將球團賣出。然而，史特林一如以往，拒絕出售的提議，計畫也胎死腹中（二〇一四年，由於種族歧視言論浮出檯面，NBA逼史特林出售）。

即使只是談話階段，但這可是一位好萊塢界大老在眼前談數億美元的交易，自然讓人信心倍增，在這些情境的加持下，無怪乎勒布朗和卡特的自尊早就膨脹，想在媒體界談一筆大生意。勒布朗先前獲邀當天到場觀賽，但他拒絕，因為他知道他投入FA市場一事會成為場邊另類焦點。因此，卡特坐在伊曼紐身旁，身邊就是葛芬的合作夥伴傑佛瑞・凱森柏格（Jeffrey Katzenberg），兩人和史蒂芬・史匹柏（Steven Spielberg）共同創立夢工廠（DreamWorks）。

對了，湯姆．克魯斯也在場，畢竟，這可是在洛杉磯。

卡特詢問伊曼紐，是否有辦法讓特別節目在電視播出。雙方此時已經了解，他們可能甚至不用買下播出時段，老虎伍茲的聲明會控場時，也沒有必要買下時段。如果勒布朗願意將FA結果聲明獨家提供予一間電視台，應該不需要另外花錢購入任何事物。勒布朗的籃球經紀業務曾由伊曼紐公司WME的最大競爭對手CAA打理，但勒布朗團隊也曾將《王者之路》發行事務委託伊曼紐的公司。這番談話在賽後的晚餐桌上持續。隔天，這項得到認可的企劃開始由伊曼紐與旗下公司WME執行。外界對於勒布朗的FA決定興味盎然，伊曼紐在娛樂界呼風喚雨，這項計畫勢在必行。

之後升任總裁的約翰．史吉波（John Skipper）在二〇一〇年時擔任ESPN副總裁，掌管節目業務，他表示：「我接到卡特和格雷打給我的電話，我非常確定他們第一個連絡的就是我，然後我和伊曼紐談這件事。他們將節目概念與慈善公益這一塊都告訴我了。他們做公益不是譁眾取寵，是真心的，但我想外界都知道以公益之名可以提供掩護。我當時掌理所有ESPN節目內容，我有權力給他們一個小時的時段，我們也做到了。」

ESPN並沒有很歡迎由格雷主持，當這項提議傳回辦公室時，內部出現反彈聲音。格雷曾於ESPN服務，後來離職，而在伊曼紐的堅持下，敲定由格雷訪談。伊曼紐和史吉波最後討論細節，並達成協議。ESPN打鐵趁熱，急切針對這一條近來最大條的新聞製作獨家節目。

伊曼紐找來馬克・道利（Mark Dowley），請他協助特別節目的執行。道利是伊曼紐旗下公司高層之一，住在康乃狄克州格林威治（Greenwich），是美國東岸最高檔社區之一。他有私人飛機，認為就近前往白原市（White Plains）[5]機場的優勢，能讓勒布朗一行人便於進出該區域。針對節目地點，他建議位於格林威治社區的兒少福利機構兒青俱樂部（Boys and Girls Club）。一來，勒布朗年少時曾受助於這間連鎖機構，因此有意將公益收入獻給該機構；二來，機構在全美都有據點，因此善款便於分流至其他城市的據點，擴大公益範圍。

如同一般商業交易流程，勒布朗找上他的商業夥伴。耐吉願意贊助，但不想在節目上佔據顯眼位置，就結果論而言，這儼然是明智之舉；可口可樂和微軟加入，購買廣告時間；VitaminWater和微軟搜尋引擎Bing則成為主要廣告品牌。唯一不在「勒布朗代言宇宙」（the LeBron universe）內的廣告主是鳳凰城大學（University of Phoenix）。鳳凰城大學買下多數廣告時間，但將部分捐給兒青俱樂部。相關獲益十分可觀，共約四百萬美元。對於一小時節目來說是高額進帳，更何況這還不是現場直播賽事。

整場節目在大約一個月內準備就位，對於如此規模的企劃而言（尤其節目性質又是獨一無二）很罕見。節目沒有先例可循，製作人也是初次經歷。不同於伍茲發聲明前，還事先和美國職業高爾夫巡迴賽官方聯絡，尋求配合，勒布朗並沒有求助NBA官方。當主席史騰獲知後，認為這是糟糕的想法，試著阻止。ESPN當時是聯盟的電視官方合作夥伴之一，史騰致電史吉波勸退，一次不成又再回電。

然而箭在弦上，《世紀決定》已是不得不發。聲勢正旺的人，往往都會犯上一種典型錯誤，勒布朗與卡特似乎也沒能例外：他們過於專注「能所能」（能做什麼），以至於無法全面關注「為應為」（是否該做）。

5　譯按：位於紐約州，亦為富人區。

對當時的伊曼紐與WME公司而言，大抵也是如此。即使是多年來一手打理過許多影視節目的成功企業，這也是新嘗試，能有機會嘗試新舉，已是成就。他們從最大間的體育電視台拿到美東時間晚上九點黃金播放時段，自己賣出贊助，並將贊助置入於節目中。這不啻是極大影響力的展現，理論上也是一種做生意的可能新方法。

以結果來看，節目內容本身實際上有很多缺失。勒布朗前一週才剛與熱火、快艇、尼克、籃網、公牛和騎士等六支球隊會面，到了節目開播當天，從克里夫蘭搭機，前往道利位於格林威治社區的住處，在此打發下午的時間。除了節目訪談內容之外，他必須依協議內容，為鳳凰城大學拍攝廣告影片。之後，饒舌歌手肯伊・威斯特（Kanye West）驚喜現身。威斯特前腳還在紐約，聽到消息後，後腳就來找勒布朗，兩人在節目開播前寒暄。到了外景棚內，道利原本希望保持現場安靜，但這可是現場電視直播，地點又是在兒青俱樂部，這番願望只能說是天方夜譚。

消息不脛而走，節目開播日下午就有新聞報導勒布朗選擇入主邁阿密。然而，二〇一〇年社群媒體才剛萌芽（實際上勒布朗是直到節目開播當週才加入推特〔Twitter〕），新聞傳遞較慢。儘管數間媒體已經報導勒布朗的新東家，但要是節目再晚個兩、三年播出，透過社群媒體管道傳播，立刻人盡皆知。這也說明了當初為何許多還未準備好的人很難得知消息，或者說即使聽到，他們也不相信。

錄影現場是一處體育館，整潔，稍微呆板、陰暗，背景坐著一群青少年，旁邊還放一台VitaminWater飲料販賣機，畫面詭異。總之，場面毫無生氣，只有壓力，節目就這樣播放。有些人納悶拍攝地點為何選在此處，尤其是明明很靠近紐約市以及兩支追求勒布朗的球隊。

和勒布朗合作的可口可樂高層艾倫·露西（Ellen Lucey）說：「那是由很多看起來很糟的小決定湊成的決策，但每個小環節背後都是有理性考量和邏輯的。我想我們當時需要更多時間，但有些問題就是事後才能察覺。」

格雷的訪談清單已和勒布朗、卡特與勒布朗籃球經紀人里昂·羅斯確認。羅斯將於隔日談定合約，他並不確定勒布朗的決定，只知道不會續留騎士，這點顯而易見。

節目進行時，格雷問題連發（精確來說，有十八題），那些是他為了這一刻，為了吸引觀眾所設計的題目。其中有一段故意吊胃口的畫面，是最讓觀眾不耐的內容之一：當ESPN

將畫面從棚內轉到格林威治的攝影現場時，費時逾十分鐘。這一段延遲事後遭批冗長，但實際上已是調整過的內容，原本進入訪問畫面前還打算拉長更久再進廣告。格雷的問題中，有一些事先擬好，有一些即興脫稿，包括詢問勒布朗是否會在緊張時咬指甲。同時，勒布朗明顯在座位上搖搖晃晃，他真的很緊張。

格雷問勒布朗是否許多人事先知情，勒布朗回答一、兩隻手數得出來。這答案說對也不對。就以兩架私人飛機的機師與機組人員為例，他們載乘勒布朗一行人時會獲知行程，事先提出飛航申請，必須知道目的地是洛杉磯、芝加哥或是邁阿密，才能確定是否事先加好燃油，更別說在那個節骨眼，一定牽涉許多其他人士。

就在格雷詢問是否各隊事先獲得通知時，騎士隊老闆吉伯特剛好傳給我一封簡訊，他告訴我騎士隊已經獲知勒布朗將加盟邁阿密，他為了破壞節目的可看性，敦促我公開這則消息。就算要這麼做也為時已晚，螢幕前已有逾千萬民眾在收看節目，當時關注我的推特帳號者也才約三萬人，其中也沒人會在當下看推特。我早幾個小時前就知道勒布朗可能入主熱火，並在《克里夫蘭公論報》（*Cleveland Plain Dealer*）網站上貼了一篇文章，談論相關內容。吉伯特才剛確認勒布朗沒有改變心意，而考量到勒布朗手上的籌碼和未來計畫，這項結果並非不可能。所以我不訝異勒布朗說出那句話：「今年秋天，我要帶著我的天分前往南灘。」（This fall, I'm taking my talents to South Beach.）

我腦中此時浮過兩道念頭：一是納悶為何勒布朗總是以「南灘」（South Beach）借指邁阿密。如果騎士隊將對陣熱火隊，他會說：「我們這禮拜要去南灘跟他們比賽。」（We have to play them in South Beach this week）或是「在南灘的熱火隊很難對付。」（The Heat are tough to beat in South Beach.）。熱火隊主場不在南灘，雖然很近，但仍在不同區域，這好比身處皇后區，卻說自己在曼哈頓用晚餐[6]。二是一九九六年科比．布萊恩宣布進軍NBA時，記者會上他站在講台，一付太陽眼鏡掛在額頭上時，說的就是勒布朗那句「帶著我的天分」（taking my talents）。

---

6 譯按：「南灘」（South Beach）可能廣義上指該區或該州，偏向「metonymy」（轉喻）手法，類似以「華爾街」（Wall Street）借指全美金融與銀行業。英文（尤其寫作）對於重複措辭的耐受力較低，時至今日，美媒已多愛用「South Beach」借指熱火隊，以豐富全文措辭。國內運動媒體也常見換用「南灘大軍／兵團」。

然而，廣大的電視觀眾中，多數呆若木雞，現場觀眾也不例外，沒有拍手歡呼，只有驚訝之餘竊竊私語，全部人倒抽一口氣，那很像是單人喜劇脫口秀中，演員突然講一段冒犯人的笑話後會看到的光景。在場的青少年觀眾顯然很乖，遵循指示安靜坐好。勒布朗前往邁阿密組一支超級球隊，用一種粗糙的方式昭告天下。「帶著我的天分」也不是勒布朗的原創台詞，但很快遭外界批為愚蠢。

史吉波說：「我只是很震驚他沒有準備更好的說詞。他那樣的話是自找麻煩。」

史騰於節目播出後數天也表示：「周圍人沒有給他好的建議。整場節目的構想、製作、執行都差強人意。在節目播放前，我們其實有為相關人士提供意見。」

家鄉的英雄要離開，克里夫蘭當地球迷自然很受傷。勒布朗的表達方式固然差強人意，但對於克里夫蘭和阿克倫市的球迷而言，恐怕沒有任何說法能獲得全面諒解。那場電視特別節目儼然只是在提油救火。

十個月過去了，在勒布朗來到熱火的第一個賽季，於季後賽中擊退塞爾提克隊。之後首度感性談及當初的感受。他說：「我愛我以前的騎士隊隊友，也愛我的家鄉，儘管如此，我很清楚知道，光靠我一個人，是無法打贏（塞爾提克隊）的。當時事情後續以那樣的方式影響到所有在家鄉的親朋好友和球迷，我感到抱歉。我那時候只覺得，和他們兩個[7]還有這間球團奮戰，這是一生只有一次的機會。」

當初發出轉隊聲明時，若勒布朗能立刻於聲明前後加上這番說法，外界的強烈抨擊可能就會部分熄火。然而，節目播出的那晚，他的心境沒有如此感性。儘管勒布朗的球感和商業敏銳度很高，但掩飾不了《世紀決定》的荒腔走板。節目概念固然可能是劃時代的想法，但未能善加評估外界反應，是勒布朗這一生的一大失算。他知道支持球隊遭棄選，會惹怒某些所屬球迷。他沒有自覺，無法體察可能招致的怒氣，也不自知節目的呈現方式只會讓他和團隊成為眾矢之的。

最生氣的人，要算是騎士老闆吉伯特了。節目播出後兩個小時內，吉伯特發出一封給騎士球迷的公開信，這封信快要和《世紀決定》節目本身同樣聲名狼藉。信中格外強烈的措詞有：稱

7 譯按：指韋德和波許。

勒布朗為「我們的前任英雄」、「自戀狂」、「舊帝」，並將節目本身評為「膽怯的叛徒之舉」、「恬不知恥的自私行徑」、「令人震驚的背信忘義」，以及「麻木不仁、冷酷無情的行為」。

我的信箱收到這一封來自騎士隊的信，看過後只有震驚。每一行文字的詛咒惡毒程度似乎都要比下前一句，我不敢置信這封信確實是官方聲明。部分原因是格式上，原文採用放大的Comic Sans字體[8]，這不會是多數球隊的官方信件。而曾經收過吉伯特私人信件的任何人大概都會知道，這是他的偏好。

關於吉伯特選擇公開心中想法這點，有太多可以討論，也已經討論很多。言歸正傳之前，還有一點值得一提：史騰斥責勒布朗的節目操作，但僅止於此，他倒是以那封公開信為由，對吉伯特祭出十萬美元罰款。

回到節目本身，許多觀眾在轉隊熱火聲明後就停止收看。原本後續還有討論善款內容，計畫將一百萬美元支票寄給兒青俱樂部的機構負責人，觀眾也能記住此一善舉。然而時至今日，每個人對此已記憶模糊，因此徒勞無功。結果，許多人都不記得《世紀決定》節目的最後是大型公益募款活動。

整體來說，全美五十九間兒青俱樂部的機構獲捐善款逾二百五十萬美元；由於節目也和惠普合作，更另外捐出一千台新電腦。善款一大部分的授予機構位於邁阿密、克里夫蘭、大紐約地區、芝加哥、洛杉磯和格林威治。多處機構將款項用於換新屋頂，球場獲得整修……等等。若這些公益項目在節目最初十分鐘強調，可能會帶來不同影響。外界對於轉隊決定的反應可能不變，但會以不同樣子烙印在人們心中。

反觀節目的初衷，其實未遭時間的洪流所淹沒，只是卡住而已。數個月後，各地機構運用善款的後續新聞出來時，不是埋沒在紛亂的新聞故事中，就是以企圖矯飾為由撤掉報導。

節目的其他部分包含一些預錄片段，包含勒布朗在阿克倫市高中母校的畫面，以及接受ESPN球評麥可・威本（Michael Wilbon）訪問的過程。即便如此，這些片段並未給人深刻印象。問題剪不斷，理還亂：隔夜，勒布朗夥同新隊友德韋恩・韋德（Dwyane Wade）和克里斯・波許，齊聚邁阿密熱火主場美國航空球場（AmericanAirlines Arena），預言熱火將奪得高達七座

8 譯按：有類似仿手寫的視覺效果，常用在非正式文件或漫畫中。

冠軍的一番話也留下罵名。平心而論，他只是順應現場氣氛，在場觀眾也很買單。兩場都是特別製作的電視節目，第二場由熱火主導，但兩場內容多年來遭批不當，都算在勒布朗頭上。

一週後，在自家年度卓越運動獎ESPY的頒獎節目上（在這之前勒布朗還主持過），ESPN對勒布朗揶揄一番。節目中，史提夫・卡爾（Steve Carell）和保羅・路德（Paul Rudd）合演一齣幽默短劇，卡爾飾演勒布朗，表演中宣布：「我要帶著我的胃口到澳美客牛排館（Outback Steakhouse）。」勒布朗有過許多昔日盟友事後捅刀，這是其中一例。

餘波還在蕩漾，勒布朗與其團隊開始對ESPN感到憤怒。當初節目播出後立刻引發批評，久未停息，他們感覺ESPN身為前合作夥伴，卻未站在同一陣線。在球評威本的訪談中，更播放克里夫蘭球迷燒毀勒布朗球衣的畫面。對此勒布朗給了理性的回應，他表示自己的決定不是出於情感，而是基於商業考量，如果易地而處，今天是騎士隊決定裁掉他，那不會有人同情他。當克里夫蘭球迷傾瀉真實情感的當下，這段回應儼然冷酷。隔一球季，勒布朗多數時候都拒絕在全國轉播球賽前後接受ESPN一對一訪問，形同無言的抗議。

然而，傷害已經造成。兩個月後，針對公眾人物評比大眾觀感的Q評比公司（Q Scores

Company）發出聲明，稱勒布朗的所謂「Q分數」（Q rating）狂跌。與八個月前的前一次評比相較，持正面觀感者下降四二%，持負面觀感者上升七七%。各項數據當然能有各種解讀方式，但毫無疑問，形象遭到重挫。

除了受測觀眾就是討厭節目本身這個因素之外，很難確實量化這項結果。可能有一部分觀眾痛恨他轉隊至熱火，認為這項決定並非因緣際會，而是原因膚淺。大體上而言，觀眾對勒布朗宣言的觀感是自我、不顧他人感受。其中也有種族因素。Q分數顯示非裔美國人對勒布朗持正面觀感者比例由五二%下降至三九%，負面比例僅從一四%上升至一五%。其中主要意義在於：黑人族群中，更多人對勒布朗觀感持平，而非負面。

媒體在節目多數時間均遭拒於門外，便以言詞犀利的口誅筆伐，再掀一波波會外戰。勒布朗在客場迎來噓聲，已經是家常便飯。即使是當初FA搶人時偏局外人的球隊主場（灰熊、老鷹和拓荒者等），這情況也會發生。新球季[9]MVP由德瑞克・羅斯抱回榮耀，勒布朗無緣

9 譯按：指二〇一〇至二〇一一球季。

三年連莊，也因為和新隊友合體，釋出部分球權，數據稍有下滑，但獎項由媒體票選，故勒布朗將輸給德瑞克．羅斯一事視為《世紀決定》的報應。之後兩個賽季[10]，他再次連奪MVP，也連兩年將德瑞克．羅斯率領的公牛隊踢出季後賽。

對轉隊一事，勒布朗與其團隊仍然百感交集。入主邁阿密熱火是優異的選擇，他們從未後悔。在勒布朗率隊下，熱火連續四年殺入總冠軍賽，其中兩年擒得他生涯的頭兩枚冠軍戒。Q分數評比固然不理想，但二〇一〇年至二〇一一年在當時是勒布朗簽名鞋款銷量最佳的一年，球衣銷量是NBA球員第一，熱火球賽收視率也常居聯盟各隊之冠。更別說他們捐的所有公益善款，對受惠的孩童提供立即性實質幫助。

勒布朗團隊如何面對？節目的概念是他們一路走來，念茲在茲的目標：他們正在達成目標，正在創造新視野。即使遭受猛烈砲火，卡特在媒體界的能見度卻開始提高，愈來愈多有力人士認識他。勒布朗團隊窩回熟悉的老巢，商討降低傷害的對策，他們發現很難真正承認他們感到抱歉。節目內容不好，呈現方式糟糕，他們都接受了，但是這構思背後的基礎概念，精準吻合他們先前的期望。只能說，這是最好的時代，也是最壞的時代（It was the best of times, it was the worst of times）。

在《世紀決定》效應下，一大受害人是名製片布萊恩・葛瑞澤，他正和勒布朗合作電影《Fantasy Basketball Camp》（暫譯：夢想籃球營），後來改名為《Ballers》（暫譯：天才球員）。這部電影已由環球影業（Universal）與葛瑞澤的製片公司正式發表，並找好導演，定好二〇一一年上映日期，於二〇一〇年夏天正式開拍。然而，《世紀決定》造成拍片延後，最後電影企劃束之高閣。

困境的規模高過他先前的處理經驗，勒布朗難以承受這個殘局。他已經習慣受眾人喜愛。他在球場上有過挫敗，前一年季後賽表現差強人意，飽受酸言酸語，但他從未被如此對待。更糟的是，他讓自己受到影響，因為他愛看文章，愛看電視，他看到了外界對他的評論。

他加盟熱火的第一年球季，球隊享有高勝率[11]。即便如此，他因批評受傷，甚至改變個

10 譯按：指二〇一一至二〇一二與二〇一二至二〇一三球季。

11 譯按：二〇一〇至二〇一一球季例行賽五十八勝二十四敗，勝率七成〇七，東區第二。

性。他一度在新開的推特帳號中寫道：「永遠不要以為我會忘記今年夏天，每一個人舉槍對著我。每一個人都這樣！」其他時候，人們透過社群軟體傳給他充滿恨意甚至種族歧視的訊息時，他會張貼出來。這可能是投射出他試著製造一些同情，但換來的是一連串適得其反的效果，外界頂多發現他們以為石沉大海的訊息，原來勒布朗真的都有看到。態勢因而惡化。

勒布朗難以放下戒心，甚至回絕同儕的善意玩笑。當角色球員安森尼·托利弗（Anthony Tolliver）那年夏天以兩年四百五十萬美元的簽約金加盟明尼蘇達灰狼（Minnesota Timberwolves）時，他張貼一段模仿的影片，片中有一句說：「我要帶著我的服務前往北大荒（I'm taking my services to the north.）。」勒布朗對此惱怒，回應道：「我聽說了。我知道我們球季會對上灰狼兩次。」以玩笑話而言，這般回應不合乎他的個性。

然而，惱怒的勒布朗不是真實的他。他多次試著樂於接受。在邁阿密的第一年，勒布朗作客拓荒者主場時打出漂亮一役，狂砍四十四分，並展現強悍防守，帶領球隊逆轉勝。勒布朗沒料到波特蘭球迷對他懷抱恨意，但當晚現場觀眾發出惡意噓聲，如雨般傾瀉而下，賽後勒布朗只能表示無奈。

當晚，他說：「我算是已經接受別人把我當這樣的反派角色了。我沒問題，我會接受。」然而事情不然。隔天我撰文寫到此事，卡特來電，他納悶我的文章目的。我回答這出自勒布朗本人的說法，卡特表示他不同意，那不是勒布朗該有的說詞或感受。他和里奇・保羅找勒布朗談話，說服他別作此想。數天後在洛杉磯，勒布朗收回他的話。這一切源頭都來自《世紀決定》。他一年多來每天背負著這個重擔，直到二〇一一年年底，他才走出陰霾，承諾找回原本的自己。

然而，他至今仍扛著那道傷痕。

史吉波說：「你也知道，我以為那是新奇、有趣的主意，我到今天還是這麼想。我們在ESPN會播放比賽，播新聞，我們有娛樂節目。而這是一場娛樂節目。我個人決定要做這個節目，事後來看，我認為那是很前衛的想法。」

史吉波和勒布朗兩人心有戚戚焉。對於這件事，後悔的情緒是複雜的。二〇一〇年時，固然很難讓大家接受節目概念，放到現在也會極具挑戰性。

格雷表示：「在那之前沒有先例，之後也不會有類似的節目了。」

當時，勒布朗團隊無法等待後世如何評價《世紀決定》。他們只是煎熬，最後被迫重新評估事物，這件事成了轉捩點，影響他後來的商業生涯。

第十章——大亨

二〇一〇年秋天，芬威運動集團（Fenway Sports Group）多位高層來到加州聖塔莫尼卡市，他們坐在瓦科特的辦公室，與卡特開會。此時，這些高層對自己所為何來仍一知半解。

芬威運動集團在運動界與行銷代言界兩端舉足輕重，而卡特當時正四處開會，尋覓可以針對行銷代言事業，打理勒布朗經紀業務的企業，這一塊業務原先是LRMR的成立目的，但後來業務多角化發展。里奇・保羅朝經紀人之路邁進，離開LRMR，轉往CAA經紀公司服務，在勒布朗經紀人里昂・羅斯的手下工作。里奇・保羅職涯發展會集中於為CAA招攬運動員，而這是LRMR大致放棄的事業。

針對籃球場外的事業，勒布朗早已投注更多心力，發展媒體與娛樂事業。即使電影最後慘遭滑鐵盧，他仍開始製作一部動畫的系列作，勒布朗分飾四角。動畫名為《勒布朗家族》（*The LeBrons*），改編自耐吉人氣系列廣告。LRMR為勒布朗簽下的代言案中，有部分（即州農保險公司和麥當勞）靠外力談成，其中史陶德為最大推手。現在，LRMR想尋找更多奧援。

邏輯上不無道理，問題在於芬威運動集團的經紀服務對象不是個別運動員，而是針對大型品牌和運動隊伍，打理其經紀事業或完全持有。集團大老闆是約翰・亨利（John Henry），從前以商品交易為業致富，事業鴻圖大展，而這位大老闆有十數位合作夥伴，其中最重要的一位包括湯姆·維爾納。維爾納擔任好萊塢製片，事業成功。好巧不巧，維爾納和瓦科特是親密好友。瓦科特一如以往做法，先前已安排卡特認識亨利與維爾納。三人認識的地點在華倫·巴菲特的波克夏哈薩威年度股東大會。打照面還不夠，生意要水到渠成，瓦科特必須用點別出心裁的手腕。

芬威運動集團於二〇〇一年買下波士頓紅襪隊（Boston Red Sox），當時約文內容複雜，瓦科特曾助一臂之力。維爾納先前有很長一段時間，曾是聖地牙哥教士隊（San Diego Padres）的老闆之一，亨利則擁有過佛羅里達馬林魚隊（Florida Marlins），並有管控權，此外對紐約洋基隊（New York Yankees）也曾有一小部分持股。這些大老闆的球團持有關係錯綜複雜，若要多添一筆，還能再加上蒙特婁博覽會隊（Montreal Expos）。之後，亨利成了紅襪隊老闆，維爾納是老闆群之一，擔任球團電視業務的營運主席。

接下來幾年，芬威運動集團取得全美房車大賽（NASCAR）洛許芬威車隊（Roush Fenway Racing）的部分所有權。二〇一〇年，以四億八千萬美元購入利物浦足球俱樂部（Liverpool

Football Club）。後者的買賣過程頗具挑戰性。利物浦的前任老闆群破產，亨利透過競標向銀行買下球隊，瓦科特也曾是這樁交易的推手。錦上添花的還有NESN的持有權，這間區域電視台在新英格蘭區轉播紅襪隊比賽。勒布朗身為球星，本身固然就是一間大型個人品牌，但畢竟不是球隊，雙方能合作什麼？

芬威運動集團總裁暨CEO山姆・甘迺迪（Sam Kennedy）說：「在談合作關係時，里奇・保羅非常有膽識。他很清楚告訴我們，勒布朗不單單是個球員，他自己就是一間球團。他和卡特有一項罕見但實則精彩的計畫。他們眼光長遠，能考量到球隊的價值。他們說不會採取傳統安排方式，會做一個聰明的決定，相信亨利和維爾納的能力，他們會以管理紅襪的成功經營方法來經營利物浦。」

那其實是瓦科特的話術。《世紀決定》的殘局未了，卡特和瓦科特就安排了一項大型合作案，交易內容融合了過去五年經驗學到的幾大利基點：取得持股；利用外界想和勒布朗有生意往來的特點，從中獲利和創建價值；針對每一筆交易，從收益的帳面價值找到更有價值的切入點，並盡量錢滾錢。

芬威運動集團將有權利直接為勒布朗談代言，從中獲得一定比例的佣金。此外，勒布朗的名字也能用於集團旗下品牌或球隊。話雖如此，集團以波士頓為主要據點，是當時死對頭塞爾提克隊的地盤，因此屆時外界反應難免耐人尋味。對於集團剛買下的利物浦足球俱樂部，勒布朗和卡特會取得一小部份持股，作為報酬，比例約為二%。

平心而論，若無瓦科特和維爾納的友情支援，這筆生意八字都難一撇。交易條件固然豐厚，但一般而言，不會讓一名二十來歲的運動員入主一間英國足球隊。由此充分顯示，卡特和勒布朗對商業價值的了解已經超齡。當然，若無勒布朗的龐大人氣撐腰，芬威運動集團不會讓勒布朗持股（彌足珍貴之處，可堪比一般人在美國擁有一棟海灘豪宅）。入冬後雙方仍在談判，一路到二〇一一年春天，但好事多磨，以美國運動員談成的商業案而言，以代言行銷當作籌碼，換得一支運動隊伍的持股，至今是較為特異的一例。

合約拍板後不久，勒布朗赴英，在具有傳奇色彩的安菲爾德球場（Anfield Stadium）觀賞利物浦主場賽事，並獲得安排與利物浦足球俱樂部隊員會面。勒布朗為每一位隊員都準備禮物。如果讀者沒有錯過本書每一個環節，那想必猜得到：禮物就是特製Beats頭戴式耳機，讓他們一面欣賞音樂，一面展示耳機。

勒布朗和芬威運動集團合作後，沒過多久就迎來首筆代言案，客戶是瑞士奢華錶商愛彼腕錶（Audemars Piguet）。代言價碼不高，每年不到一百萬美元，但切入代言行銷的國際市場，這一類交易恰是勒布朗和芬威運動集團的合作初衷。

瓦科特自然也是幕後推手。瓦科特的老客戶阿諾．史瓦辛格自一九九八年起，為愛彼的頂級錶款代言，兩人和這間家族企業也頗有淵源。二〇一三年，愛彼腕錶發表特別版，錶身刻印勒布朗的名字，零售價五萬一千五百美元，限量製作六百只。

二〇一二年，芬威運動集團為勒布朗和甜甜圈品牌Dunkin’ Donuts[1]安排一門生意。由於芬威運動集團在為Dunkin’ Donuts打理國際行銷，因此算是自家人的三方合作。拜其所賜，勒布朗為Dunkin’ Donuts和三一冰淇淋（Baskin Robbins）擔任在中國、台灣、南韓與印度的品牌門面。這也是雙方皆大歡喜的合作類型：Dunkin’運用勒布朗在亞洲的人氣，勒布朗也進帳美金七位數的代言費，拓展國際空間。芬威運動集團接著促成勒布朗和三星（Samsung）與前進

1 譯按：於二〇一九年一月正式更名為「Dunkin’」。

保險公司（Progressive）攜手合作，後者則於州農保險公司的代言案畫下句點後進場。

勒布朗這番投資開花結果。二〇一八年年底時，據《富比士》雜誌估算，利物浦足球俱樂部市值為十九億美元。相較於八年前亨利與合資夥伴進場購入時，翻漲至四倍。勒布朗與卡特持股價值也跟著水漲船高，超過三千萬美元，這還未計入芬威運動集團為勒布朗安排的代言案價碼。對勒布朗而言，這番結果根本結實纍纍。在多年來勒布朗的事業推動上，芬威運動集團合作案又一次見證瓦科特的價值。

芬威運動集團高層固然認為雙邊獲利頗豐，然而隨著利物浦足球俱樂部市值攀升，勒布朗持股市值跟著飆高，與其相比，集團的代言費佣金獲利無法有同等水準。一部分問題在於，針對集團本來預計安排的代言案，勒布朗對此類合作愈來愈無興趣。頂級腕錶和中國市場代言有利可圖，但勒布朗和卡特往往回絕類似提案，另覓能入主企業的投資管道。

和芬威運動集團合作後，其中一大利基為維爾納成了勒布朗和卡特的商業合夥，雙方關係也隨著時間逐漸加深。二〇一二年，雙方再次合作，勒布朗與卡特加入維爾納的投資案，投資對象是名為「**Blaze Pizza**」的新創連鎖披薩餐廳。合資人包括阿諾前妻瑪麗亞·史萊佛與其子派翠克・史瓦辛格（Patrick Schwarzenegger）。至少根據勒布朗本人的說法，投資契機是：他造訪位於加州爾灣（Irvine）的本店。Blaze Pizza特色是仿效Subway潛艇堡的自選餡料客製化風格，勒布朗當場試作後，贊同品牌的流程與產品理念，便決定投資。

想當然爾，瓦科特又居中牽線。包括投資在內，勒布朗也獲得Blaze Pizza於邁阿密和芝加哥的加盟權，五年內開了二十多間分店。相較於先前合作案，Blaze Pizza的投資案較為傳統。Blaze Pizza因為勒布朗加入而獲利，但雙方的行銷合作上，並未如Beats案有固定機制。

事情到二〇一七年有了轉變。Blaze Pizza成長迅速：四年內從兩處據點展店至兩百處，《富比士》雜誌稱其為史上成長最快速的連鎖餐廳。瓦科特和卡特看到切入點，談成屬於自己的合約。

那一年，勒布朗和麥當勞代言合約到期。這間老牌餐飲龍頭端出的代言利潤可觀，是勒布朗和卡特過去十年來所尋覓的合作類型。麥當勞這次端出一千五百萬美元的延長合約，為期四年。價碼十分優渥，而且針對代言業務，勒布朗一年僅需挪出數天時間。然而另一頭的Blaze Pizza願意增加勒布朗的籌碼，在合作項目中新增「品牌大使」（brand ambassador）身分，聽起來比「代言人」（spokesman）更有派頭。Blaze Pizza也計畫進軍海外，此舉除了將為勒布朗帶來更多投資市場外，也會跟著提高勒布朗原先買進的持股比例。喬丹先前和麥當勞合作多年，數百萬美元入袋，而勒布朗、卡特和瓦科特的念頭是：再多添個零頭。

「對我來說，這是有機會做起來的事情。能不能賺錢先不談，我們有機會做起來這塊。如果不成功，那也只能怪自己不爭氣。」勒布朗在自己的媒體公司Uninterrupted平台上，透過網路廣播節目（podcast）說：「我想，誰不愛吃披薩？我還真不知道這世上有誰會討厭披薩。」

勒布朗團隊內部相信，未來幾年Blaze Pizza投資案的獲益會超越Beats合作案的暴利。升格為品牌大使後，勒布朗的主要促銷管道是社群媒體和自身擁有的各媒體平台。他甚至不需要撥出個幾天時間，針對電視廣告進行內容確認和拍攝。至於麥當勞在談判桌上端出的一千五百萬美元，他們早已不復記憶。

芬威運動集團和Blaze Pizza的合作案，在重要性與價值兩方面，都持續凸顯了和維爾納之間的合作關係。維爾納以製片事業成名，而這是勒布朗團隊特別想深入的事業類型。身為史上最成功的電視製作人之一，談起維爾納，往往離不開兩大代表作：《天才老爹》和《我愛羅珊》。其實他的成功作不勝枚舉，還包括《另一個世界》（*A Different World*）、《優雅從容》（*Grace Under Fire*）、《外星人報到》（*Third Rock from the Sun*）、《七零年代秀》（*That '70s Show*）……等等。從前，維爾納還是教士隊老闆時，曾請到《我愛羅珊》女主角羅珊．巴爾（Roseanne Barr）來主場，於賽前表演美國國歌。羅珊的演唱荒腔走板，至今讓人難忘。

二〇一三年，維爾納致電瓦科特，討論內容是針對一位NBA球員打造一齣電視節目。走筆至此，先容我打住話題：勒布朗和卡特在娛樂界經歷有限，但現在可是有一位產業資歷輝煌的電視製片，想要延攬他們製作節目。勒布朗和卡特製作過紀錄片《王者之路》，內容笑中帶淚，但票房並不特別成功；動畫片《勒布朗家族》也出自兩人之手，共十二集，每集五分鐘，於YouTube播出；他們另外一項大型電影計畫正擱置中。

於此同時，卡特密集從事一間新創企業的行銷活動。該公司名為「Sheets Energy Strips」，生產含咖啡因的能量片，這種能量片一口即溶，企圖打進由紅牛（Red Bull）與5-Hour Energy主導的能量飲品市場。想當然爾，勒布朗和卡特對Sheets Energy Strips持有股份。Sheets Energy Strips當時已籌措一千萬美元的行銷預算，產品的英文主打標語為「take a sheet」（來一片）：勒布朗會在重大賽事前「來一片」；饒舌歌手嘻哈鬥牛㹴（Pitbull）也是出資者，他的廣告詞是：「在舞台上來一片。」美國廣告業專門週刊《Adweek》將其評為年度最差廣告。只能說：棒球場上，沒有打者能繳出十成打擊率；投資場上，有贏家也必有輸家。勒布朗與卡特還在摸索。

維爾納之所以找上他們，原因在於雙方已建立合作關係，以及維爾納欣賞卡特的想法與做法。他們三人一起發想，卡特塑整概念，勒布朗錦上添花，維爾納推銷至業界和人脈。維爾納一手打造的電視節目逾五十部，有的節目歷史甚至早於卡特出生。現在，維爾納要將他們的想法帶到好萊塢。

這是籃球電視喜劇《星路多懊悔》（*Survivor's Remorse*）的誕生軼事，劇名由維爾納、卡特和勒布朗合作拍板。這齣影集改變了勒布朗往後的商業重心，並快速催動旗下SpringHill製片公司的成長，成為籃球以外的事業重點。不用說，瓦科特又再次掌舵扮演主要角色。在一趟滑雪旅途中，由卡特將想法告知瓦科特。

《星路多懊悔》故事情節和勒布朗與卡特的成長背景有異曲同工之妙：一名成長自貧窮地

區的明星球員在NBA大放異彩，他的兒時好友陪同在側，為他打理經紀事務。離鄉背井打拼後，兩人面對來自家庭成員和家鄉好友的難題。瓦科特受到情節吸引，發揮媒合專長：他找來的牽線對象是克里斯·艾布瑞（Chris Albrecht）。艾布瑞與瓦科特相識多年，於美國有線付費電視頻道Starz擔任高層主管。經過多次自我推銷的說明會後，Starz購入這部劇集。瓦科特也跟上勒布朗、卡特和維爾納的腳步，擔任本劇監製。

在主要概念上，《星路多懊悔》讓勒布朗居於幕後，他的任務是發揮影響力和行銷力。此舉將團隊事業帶往新境界。如果成功，會開啟許多機會的大門。勒布朗終究是籃球選手，以籃球生涯為重。他無法擔任全職製作人，甚至無法兼職演員。勒布朗在《星路多懊悔》有客串演出，但僅止於此。

當時勒布朗從《世紀決定》的殘局谷底反彈，開始贏得聯盟MVP和總冠軍[2]，球涯處於

2　譯按：《世紀決定》（The Decision）於二〇一〇年播出；勒布朗於二〇一二、二〇一三連續兩年贏得MVP和總冠軍；該影集於二〇一四年播出。

黃金時刻，而《星路多懊悔》一劇的理念便是於此背景下，利用勒布朗的人氣，對退休後的長期事業選項展開佈局。勒布朗團隊在媒體界的發展也跨了一大步。他們新聘一位媒體策略顧問亞當・曼德森（Adam Mendelsohn）。曼德森先前運籌帷幄，重整勒布朗的對外形象，在團隊的核心圈中很快就受到重視。說到為勒布朗和曼德森架橋的關鍵人物——沒有別人，就是瓦科特。阿諾・史瓦辛格擔任加州州長時，曼德森曾是州政府的單位副局長暨媒體公關主管，之後進入私部門服務。

勒布朗與卡特一心打造媒體帝國。電視劇集《星路多懊悔》順利於小螢幕播出，儼然是兩人夢想成形的一塊拼圖。節目品質也獲得驗證，全劇拍攝四季，無論以好萊塢的何種評估標準來看，都堪稱成功。《星路多懊悔》培養了一群小眾但死忠的劇迷，電視影評人反應也頗佳，並特別讚賞本劇針對複雜議題時，處理手法能兼顧真實度和趣味性。勒布朗與卡特投入媒體界後，這才真正初嚐成功滋味；這也堪比當初進軍投資界時，透過自行車廠加能代爾合作案取得成功的經驗。加能代爾合作案燃起兩人興趣，以勒布朗的名聲為槓桿，投入更多投資案；《星路多懊悔》孵蛋成功，則是在媒體事業這項新佈局上，幫助兩人展翅高飛。

這次經驗也大幅改變他們產出作品的方式。在SpringHill製片公司開始運作下，接受影視創作人提案，不需全由自家從零打造。相關提案中，有些特別會和勒布朗連結，有些則否。

SpringHill製片公司緊鑼密鼓，展開製片，合作夥伴漸增。隨著團隊的媒體事業起飛，LRMR淡出，轉往幕後支援行政，卡特也不再自稱是LRMR的CEO，而強調自己是SpringHill製片公司CEO。

勒布朗團隊和Disney XD電視台與一些ESPN高層合作，製作紀錄片系列《Becoming》（暫譯：蛻變），詳細描繪頂級運動員的奮起故事，勒布朗的故事於首集播出。而為CNBC頻道推出的則是實境秀節目，名為《Cleveland Hustles》（暫譯：克里夫蘭創業去），針對克里夫蘭低收入區的新創單位出資，並追蹤後續發展。此外，團隊與NBC電視台合作，製作一齣新型態的益智問答獎金節目，名為《The Wall》（暫譯：綠球紅球大挑戰）。過程中，就這樣一步步產製節目，建立品牌，進帳收入。

SpringHill製片公司的成長，是三角事業經營計畫的一環，如同敲門磚，帶勒布朗深入媒體界。這三大面向各自發展，卻又相輔相成。

二〇一四年，勒布朗決定離開邁阿密，回到克里夫蘭和騎士隊。這番鳳還巢，顯然是勒布朗生涯和NBA歷史的重大篇章。關於其中繁複的來龍去脈，我已另著《Return of the King》（暫譯：王者歸來）一書，有興趣深入了解的讀者可於一般通路購入（此指美國地區）。

和二〇一〇年轉戰熱火的節目聲明相較，這次的轉隊聲明既真情流露，又文情並茂。勒布朗並未上電視現場節目，他發出一封聲明信周知世界，張貼平台是《運動畫刊》網站。這封共同執筆的信，出自勒布朗本人，以及有文采的專欄作家李・簡金斯（Lee Jenkins）[3]。這一次操作來自曼德森的心血結晶，他相信如此更能主導訊息內容，避免如上次「我要帶著我的天分前往南灘」一句，遭人用三言兩語大做文章。

平心而論，這次聲明的基本理念和《世紀決定》大同小異。與其將重責大任交給一間電視台，委託大型雜誌與網站公告，反而能讓勒布朗獲得主導權。二〇一〇年，ESPN因為讓勒布朗上節目聲明一事，遭到痛批；二〇一四年《運動畫刊》卻獲得讚賞。其中差異在於傳達手法。

首先，新聞發表單刀直入，沒有先前吊胃口的十分鐘。標題寫著「我要回家了」（I'm

coming home）。文內說明勒布朗回到克里夫蘭的抉擇，內容流暢、細膩，訴諸個人情感，鋪陳細水長流的願景。不再像入主熱火時聚集球迷，在電視轉播中給出七次奪冠保證那般輕浮躁進，一番宣言徒留痛苦。再加上有一位文膽幫忙潤飾，字斟句酌的成果，方方面面都更沁入心脾。和先前大搖大擺、合組超級球隊的樣子相比，新轉隊宣言將勒布朗塑造為放低姿態、回鄉打拼的孩子，對於一般球迷而言，更能心悅誠服。同樣必須一提的是，勒布朗此時的球涯成就也不可同日而語：此時的他已手戴兩枚冠軍戒指，自然是比二〇一〇年轉隊時多少更有本錢。

二〇一〇年，《世紀決定》招來罵名，勒布朗團隊表示節目結束後，半夜從康乃狄克搭機至邁阿密時已受到打擊。焚毀球衣畫面一一釋出、社群媒體開始痛批。當時，熱火總裁帕特·萊利（Pat Riley）和總教練艾列克·史波史特拉（Erik Spoelstra）來到位於邁阿密的私人飛機航廈接機。勒布朗等人有點失落，史波史特拉帶來餅乾慶祝，但他們只想要烈酒。

二〇一四年，這一次在班機上，他們知道外界對聲明信的反應頗佳。勒布朗在邁阿密發出

3 譯按：原為《運動畫刊》長期專欄作家。

轉隊聲明，傍晚與騎士簽約後，即搭乘午夜班機前往里約熱內盧，針對世界盃總決賽，執行一些耐吉代言業務。當所搭乘的灣流（Gulfstream）私人飛機往南啟程，飛過加勒比海，眾人開了頂級紅酒，開始談論外界反應，以及從中學習的經驗。如同《世紀決定》當時，關鍵確實在於運動員的主導權。勒布朗想傳達訊息，透過直接面對球迷，他能產生連結，並且獲得正面回報，至少在這一次確是如此。而這次經驗，是能複製的嗎？

林恩．麥利特在艙內，同行的還有曼德森。拜曼德森的政治背景所賜，撰寫並發出聲明是日常工作的一環。勒布朗的信件內容有政治講稿的影子，從聲明內容與之後的發佈平台都有考量。曼德森曾合夥開設公關公司，對於媒體趨勢和輿論風向了然於胸。傳播管道的選擇上，棄傳統就數位的趨勢當時正快速成長，這現象在年輕消費者身上尤其明顯。曼德森之所以選擇《運動畫刊》網站作為數位平台，棄用ESPN電視台這類傳統媒體，原因之一便是相中此一趨勢。

轉隊聲明文中，有一句「我發這一篇文章，是因為想要有機會親自說明，不被打斷。」這正是這次聲明操作的基礎概念：沒有媒體的過濾和稀釋，也沒有社群網站的字元限制，而是直接呈現內容：不被打斷（uninterrupted）。在航班上，團隊計畫為運動員打造一座數位媒體平台，提供的服務就是勒布朗這次的操作方式：以不被打斷的方式傳達訊息，並且能輕易分享至社群媒體。如果他們能將運動員分享的故事賣給品牌或為其爭取代言，自己也從中獲利，自然錦上添花。勒布朗團隊也乾脆將媒體平台命名為「Uninterrupted」。

英雄所見略同。隨著Uninterrupted平台於不久之後開發，德瑞克・基特（Derek Jeter）與其經紀公司卓越運動管理公司（Excel Sports Management）也正在醞釀類似計畫。二〇一四年秋天，基特結束輝煌的棒球生涯，從洋基隊退休後不到一週，推出名為「Players’ Tribune」的網站。運動員能利用此一平台發表個人文章，和勒布朗於《運動畫刊》上發表文章異曲同工。卓越運動管理公司旗下有為數眾多的世界頂尖運動員，文章隨投隨刊。一年半內，Players’ Tribune的理念獲得一些運動員和投資者支持，募得一千八百萬美元，投資者包括科比・布萊恩。

Uninterrupted媒體平台有勒布朗當門面，名聲響亮，且他正值生涯黃金時期；智囊團有卡特和曼德森，提供創見；不僅止於此，團隊還有一位彌足珍貴的人脈製造機：瓦科特。

瓦科特人面與資歷俱廣之外，從二〇一〇年起便擔任時代華納董事。時代華納為全球媒體巨擘之一，許多有影響力的媒體品牌均在其麾下，包括華納兄弟、透納運動公司（Turner Sports）、HBO和Bleacher Report。勒布朗SpringHill製片公司和Uninterrupted媒體平台的成長關鍵，會由瓦科特引導，居中架橋，連接至前述華納關係單位，再由這些單位強力穿針引線、投資佈局。

卡特招攬許多知名運動員，簽約合作，並針對新上線的Uninterrupted媒體平台，讓這些運動員獲得所有權股份，投稿個人故事影片。最初攜手合作的運動員有新英格蘭愛國者隊（New England Patriots）美式足球員羅布・格隆考夫斯基（Rob Gronkowski）、金州勇士隊（Golden State Warriors）籃球員德雷蒙・格林（Draymond Green），以及終極冠軍格鬥賽（UFC）女格鬥家朗妲・羅西（Ronda Rousey）。團隊和透納運動公司談成協議，於Bleacher Report刊出運動員的影片。在新創事業的雄心壯志下，眾人製作的第一部影視作品是紀錄片系列，主打勒布朗和格林，兩人最後在二〇一五年NBA總冠軍賽碰頭。

隨著前述事業開展，第三大面向是勒布朗的螢幕演出。他先前演過一些廣告，也有若干配音經驗，更別說還在綜藝戲劇秀《週六夜現場》客串演出過籃球短劇，但已事隔多年。

勒布朗第一個有模有樣的主要演員角色，獻給《姐姐愛最大》(*Trainwreck*)。這部喜劇在二〇一四年夏天開拍，片中也有演出的喜劇演員暨編劇艾米・舒默（Amy Schumer）將勒布朗寫進腳本時，幾乎只因為勒布朗是她認識的最知名籃球員，而非她認為勒布朗能真正接下這個角色。演員比爾・哈德為爭取《姐姐愛最大》主角試鏡時，機會的大門敞開了，因為他曾與勒布朗在《週六夜現場》搭檔演出。哈德和該片導演賈德・阿帕托（Judd Apatow）讓勒布朗看劇本，並邀他共進午餐。

勒布朗和卡特起初並不中意。根據劇本，哈德於劇中飾演醫生，他和勒布朗的交情來自於勒布朗是接受膝蓋手術的患者。卡特不願勒布朗在電影中飾演受傷運動員的角色；他的膝蓋從沒動過刀。阿帕托與舒默更改劇本，使勒布朗成為哈德的死黨之一。最後是阿瑪瑞・史陶德邁爾（Amar'e Stoudemire）接下該角色，NBA生涯有膝蓋手術傷病史的他，可就沒有意見了。

勒布朗沒有演出後票房大賣的經驗。讓他在電影飾演配角不會是售票保證。阿帕托大可另覓人選，找一位願意披上病人服演出的籃球演員。勒布朗和卡特知道「一開始先拒絕」所蘊含的力量。然而，阿帕托、舒默和哈德十分想和勒布朗合作，願意為了讓勒布朗點頭，大量更動劇本。舒默和哈德也為了勒布朗，在劇中加入一些體面的台詞。

在這些安排下，勒布朗接受提議，和騎士隊簽約後不久，於二〇一四年暑假赴紐約，進行為期一週的拍攝工作。劇組擬好拍攝日程，便於勒布朗於最後拍完他的戲份。這次牽線合作成功，再次因為勒布朗的人氣；對於提案勇於選擇、開出條件，也明顯獲得回應。勒布朗和卡特一路走來，從中學到這些經驗。有時事與願違，但往往得償所願。

電影於二〇一五年上映，勒布朗的演出獲得影評和觀眾肯定。阿帕托和舒默為他戲中安排足夠的曝光時間，還加上一些上籃般簡單的玩笑橋段，效果既不冷場，也不浮誇。簡單來說，這個角色對勒布朗來說一拍即合，以電影演出的處女作而言恰到好處，增一分太多，減一分太少，為勒布朗日後的娛樂事業開啟一扇窗。

大牌球星投身大螢幕，勒布朗再怎樣都排不上第一人：早先有美式足球員吉姆・布朗（Jim Brown）、威爾特・張伯倫（Wilt Chamberlain），近代也有俠客・歐尼爾。即便如此，沒有任何球星前輩企圖以片商的製片團隊身分投入拍攝。拜卡特和瓦科特所賜，勒布朗往後會有截然不同的生涯嘗試。

與時代華納合作的多項交易中，將Uninterrupted媒體平台的首支影片放上Bleacher Report網站，只是一碟開胃菜。二〇一五年夏天，正值《姐姐愛最大》上映前，卡特談成另一樁重大協議。若說耐吉合作案是革命性代言，芬威運動集團合作案是創新性交易，那麼時代華納合作案則是多角化投資。勒布朗與華納兄弟協議進行多平台合作，他將與卡特為大小螢幕製作數位內容。

依據協議內容，華納兄弟將投入資金，挹注SpringHill製片公司的製作預算，讓團隊能招兵買馬，擴增製片規模。華納兄弟為勒布朗和卡特提供一棟屋舍，位於加州柏本克市（Burbank）[4]的華納兄弟據點，即所謂的華納影城（Warner Village），當地曾是電視影集《奇異果女孩》(*Gilmore Girls*)的拍攝地點。更重要的是，對於SpringHill製片公司日後所製作的任何影視作品，華納兄弟都有發行權利，包括任何數位媒體節目。克林·伊斯威特（Clint Eastwood）、J·J·亞伯拉罕（J.J. Abrams）和班·艾佛列克等好萊塢大人物和華納之間，也有這類多角化合作，但沒有製作SpringHill製片公司產製中的那一類電視與數位節目。

4　譯按：全美各大媒體所在重鎮。

不到幾個月，雙方合作再下一城：透納運動公司和華納兄弟合資一千五百八十萬美元，投資Uninterrupted媒體平台，用於擴編人員與製片。時代華納加深投資力道，Uninterrupted媒體平台現在已發展成熟，其中卡特和勒布朗是推動事業的合作基底，曼德森是對外發行的管道，瓦科特則是各方牽線人，團隊各司其職，催動合作關係。十年前，當勒布朗和卡特思考拓展籃球場外的事業時，這些成就還只能是天方夜譚。在媒體機器的運作下，勒布朗的身價也能多添一個零頭，從美金九位數來到十位數。

卡特特地和各單位負責營運的高層打好關係，包括透納運動的總裁大衛・李維（David Levy）、華納兄弟電視營運單位的傑依・勒文（Jay Levine），以及HBO的李察・普萊普勒（Richard Plepler），時代華納集團眾高層似乎很中意卡特，對於和勒布朗與卡特合作，眾人興味盎然，但高層同時希望勒布朗加入華納家族，接拍《怪物奇兵二》（*Space Jam 2*）。自《怪物奇兵》這部華納兄弟出品的大作上映以來，已超過十個年頭。

早在二〇一二年，外界便希望勒布朗接演麥可・喬丹於一九九六年《怪物奇兵》電影的角色。二〇一四年，一位電影高層向我尋求建議，詢問勒布朗可能偏好的電影企劃版本。這位製片希望在二〇一六年推出，屆時將適逢首集上映廿年[5]。這項提議的最後，生米仍是生米，即使勒布朗成功演出《姐姐愛最大》，還是沒煮成熟飯。多年來，勒布朗和卡特聽取多項拍片企劃簡報、閱讀多種劇本，與眾人多次聚議《怪物奇兵二》。如果大賣，片商能獲利數億美元，勒布朗經營副業的每一筆投資也會值回票價。

二〇〇三年談銳跑代言案時，以及二〇一四年與阿帕托談電影腳本時，勒布朗與卡特需要考量的不只是金錢面。「永遠要放大格局思考」向來是兩人的圭臬，現在有瓦科特這位珍貴盟友，很多事情都可能水到渠成。

當然，勒布朗大可以緊接著《姐姐愛最大》接演《怪物奇兵二》，延續叫好又叫座的勢頭。然而，既然已經和華納兄弟簽好多角化投資協議，配合旗下多間媒體機構，為往後數年的事業成功鋪好道路，又何必急於一時？好事多磨，二〇一八年，與華納兄弟重談協議後，勒布朗與卡特對劇本、製片和導演都點頭，《怪物奇兵二》訂於二〇一九年開拍，並將由勒布朗與

5 譯按：原文「thirty-year anniversary」疑筆誤，二〇一六年距一九九六年《怪物奇兵》上映應為廿年。

卡特擔任監製。

同時，華納兄弟與HBO也開綠燈，同意SpringHill製片公司的多項電視與數位內容製作企劃，高層希望其中有一、兩部能嶄露頭角。隨著利物浦足球俱樂部殺入歐冠（Champions League）決賽，新的權利金合約讓年營收增額至四億六千萬美元，獲利逾五千萬美元。Blaze Pizza則訂下目標，預計於二〇一九年年底展店至五百間。

想當初還在夜店趴賣一人五十美元的入場費，只能說這是好長、好長的一段旅途。

勒布朗說：「就我來說，我下決定時，絕對不會只想要賺最多的錢。我思考的是建構長久基礎。那才是我們的理念：建構。」

第十一章——我承諾

二〇〇六年六月底，這一天艷陽高照，勒布朗擔任領騎，踩著鐵馬，帶著一群群孩童穿過家鄉街巷。身旁騎士還包括幾位克里夫蘭騎士隊隊友，相挺這項慈善義舉。在這場「孩子與王」單車馬拉松公益活動（King for Kids Bikeathon）中，參加的孩童全都穿上活動T恤；當日活動中，大家也全都募得了至少一百美元，準備捐給慈善機構。

家長站在活動圍繩和路障後，拍下紀念照；市內各處有警察封街，好讓眾騎士於阿克倫市中心也能安心馳騁。活動主旨是募得善款，促進體適能，並且將單車捐給沒有單車的孩子。微軟全程直播，活動意義非凡。

荷包失血的只有勒布朗的基金會，它們是活動的主要贊助人，前一年也是由勒布朗的基金會出資。警察和其他工作人員要加班支援，因為對於這場單車馬拉松，阿克倫市必須也必須另外付出經濟成本。活動有家庭意義，對孩童也有啟發性，到頭來，這些或許最至關重大。然而現實上，在商言商。

勒布朗在NBA生涯早期時，必須學會適應繁忙的個人行程：球場上，他要在球賽後讓身體回復，安排固定時間進行治療和休息；球場外，要了解如何選擇合作夥伴，建立自己的商業團隊體系；再來，他還必須學習當一名慈善家。

打從一開始，勒布朗就打算以家鄉阿克倫市作為慈善工作的據點，並且以兒童作為公益對象。和成人相比，他常常覺得自己對於兒童族群更有共鳴。許多成人有求於他，無論手法是否公道，都想從他身上獲利。勒布朗從孩子身上找到和平與純真。在他NBA生涯前幾年，與一部分隊友相比，他的年齡還比較接近自家基金會所服務的孩童。他記得孩提時代的困頓，記得面對貧窮處境，四處為家的歲月。

秉持初心的勒布朗，於二〇〇四年創辦「勒布朗・詹姆斯家庭基金會」（**LeBron James Family Foundation**）。然而，運動員成立的基金會常常是運作不順，以初期尤最。《波士頓環球報》（*Boston Globe*）撰文指出，棒球球星「A-Rod」亞歷克斯・羅德里奎茲的基金會頭一年僅捐出收益的一%，之後被拔除免稅資格。各單項運動的運動員成立基金會往往立意良善，但過於忙碌，機構或人手不足，或淪為詐騙的受害者。

勒布朗成立基金會後，前三年營運赤字。單車馬拉松一年一度，意義超凡，但卻是個錢坑。若沒有拉到足額贊助，此類大型活動入不敷出，募得善款還低於籌辦費。兩年後，單車馬拉松就停辦了（日後以其他形式復辦），勒布朗撤換當初聘任的基金會員工，結果也曾擔任志工的一位前員工懷恨在心，以基金會的名義和基本資料，在一間水上樂園辦活動，花了一萬三千美元。基金會的宗旨不是要勒布朗當提款機捐錢，而是連結志同道合的人士與當地社區，讓公益發揮相乘綜效。即便如此，由於運作機制複雜，成立初期並未收效。二〇〇七年，勒布朗撤換基金會全部員工，二〇〇九年再次全員解雇後，將基金會委外經營。

勒布朗的代言合約中，有部分納入慈善條款，讓勒布朗能將代言費用於公益。雪碧和州農保險公司均以勒布朗的名義整修社區活動中心，勒布朗也將相關費用的部分用於家鄉的慈善單位。此外，NBA全明星週時，勒布朗也固定會協助翻修社區籃球場或兒童學習機構。他同時也會將相關款項納入慈善帳戶，填補營運花費。即使運作效率不佳，勒布朗的基金會仍是捐出大筆善款，但資金運用發散，未能善盡潛力。

根據二〇一一年申報的美國聯邦稅務資料，勒布朗・詹姆斯家庭基金會於該年僅捐出八萬九千美元，數額不至於低，也不代表勒布朗的公益心力僅止於此。前一年，由於《世紀決定》

節目發動的捐贈，該年勒布朗樂捐逾三百萬美元，收受人多為兒青俱樂部各分部。代言約中，也有資金作為善款，由勒布朗主導。職業生涯前八年，勒布朗跨足運動界與商界，固然口袋深，影響力高，但基金會的運作大多徒具形式罷了。

事情到了二〇一一年有了轉機，且影響深遠。代言廠商之一的州農保險公司發起一項計畫，範圍遍及全美，目標是遏止輟學。在弱勢與低收入區，輟學問題日益嚴重。計畫名為「二十六秒」（26 Seconds），命名其來有自，因為研究指出，每二十六秒便有一名孩童輟學。勒布朗得知後感到震撼。

勒布朗說：「這個數字很驚人。你做夢再誇張，也不會夢到這種事。我不用想也知道，我可能是那統計數字的一個。」

故事發生在勒布朗的故鄉。小學四年級時，由於家中狀況不穩，勒布朗輟學超過八十天。勒布朗的母親沒有穩定工作養家，因此四處搬遷，又有私事需要打理。勒布朗五年級時，由沃克（Walker）一家人收留，這家人改變了勒布朗的一生。勒布朗的日常生活開始穩定，有固定的飲食、作息和責任後，五年級便沒有缺課了。勒布朗成了重視學校生活的好學生。因此，勒布朗頓時了解到資源和人脈的應用方式：直接去找有輟學危機的學童，他們和從前的自己面臨相同遭遇。

勒布朗此刻福至心靈，時機來得倒是很妙，因為他恰好正在全面重新思考人生：當時是來到邁阿密的第二年，對於當初轉隊決定招來的強烈抨擊，他仍無法忘懷。周遭的嚴格檢視造成打擊，某種意義上，他曾因此崩潰。NBA總冠軍戰敗北後，他閉關多天。他思忖為何如此受傷，又為何表現不佳。在總冠軍系列賽中，他繳出的成績未達個人水準，是熱火輸球的原因，他先前的經歷少有這種事。他明白了，自己過於擔憂外界的意見，過於擔憂別人腦子的想法、推特上的內容，以及電視上的評論。

勒布朗回來備戰二〇一一至二〇一二球季時，已經對於人生有了新展望。在邁阿密的第一年球季，當時的女友莎凡娜．布琳森（Savannah Brinson）和一對幼子並未隨行，而是留在阿克倫。勒布朗會和他們見面，但頻率不如以往。新球季到來時，勒布朗請莎凡娜搬到邁阿密，一家人得以再聚首。莎凡娜點頭，但開出兩項條件：一是要勒布朗承諾娶她，二是也接她雙親同住，因為莎凡娜希望兩位愛子能有外公外婆陪伴在側。二〇一一年新年除夕，勒布朗單膝跪地，向莎凡娜求婚。莎凡娜雙親搬去與她同住。

隔年三月，勒布朗下了另一個重大決定。當時佛羅里達發生槍殺案，名為特雷沃恩．馬丁（Trayvon Martin）的青少年身故時身穿帽T。勒布朗連同隊友，張貼一張身穿帽T的相片作為抗議。熱火隊當時是美國各單項運動中最知名的隊伍，勒布朗和隊友德韋恩．韋德協助說服球隊讓他們展開強烈的聲明行動。殺害馬丁的喬治．齊默曼（George Zimmerman）宣稱槍擊出於防衛。這起槍殺案是敏感的政治議題，牽涉種族、階級，以及和擁槍有關的美國憲法《第二條修正案》（The Second Amendment）。勒布朗於自己的社群軟體張貼照片，喚起大眾注意。這則新聞慢慢廣為人知，但並未完全登上主流議題。在勒布朗與熱火隊的幫助下，本案獲得全美關注。

過去，有一些運動員避免對重大政治事件表態，因為公開後難免會冒犯部分支持者。勒布朗曾於二〇〇八年為總統歐巴馬站台，但多數ＮＢＡ球員本就支持民主黨，因此支持民主黨候選人不會造成多大風險。事實上，在ＮＢＡ支持共和黨才往往可能造成緊張，至少在球員休息室是如此。

即便如此，二〇〇七年時，勒布朗曾面臨敏感的政治時刻，選擇不表態。當時他的一名騎士隊友艾拉．紐伯爾（Ira Newble）主導連署，譴責中國政府支持蘇丹政府，而忽視蘇丹達佛（Darfur）所發生的種族屠殺。當時，球隊正值打入NBA冠軍賽之際，紐伯爾希望趁勢呼籲關注。

紐伯爾認為當時要讓這項特別的人權爭取議題發酵，正符合天時地利。北京奧運將緊接登場，中國躍上全球舞台之際，將感受部分壓力。然而，勒布朗身為耐吉代言人，在中國的商業活動頻繁，態勢因此複雜。以任何方式批評中國政府都可能會傷害商業關係。

最後，勒布朗並未簽署，是騎士陣中唯一未簽名的球員。他表示在承諾前，需要蒐集更多資訊，並研究議題。乍聽之下固然是負責任的答案，但外界視為逃避之舉，勒布朗因此遭批。他並非政治版面常客，部分批評倒是來自政治媒體。

這項議題讓人想起麥可．喬丹。喬丹生涯中，以不沾政治的作風聞名。一九八八年，他拒絕針對家鄉北卡羅來納州的全州範圍競選活動，為一名民主黨候選人背書。喬丹口中「共和黨支持者也會買球鞋」一句，往往讓他獲得外界讚賞，認為是他拒絕站台的原因。這句話是否確實出自其口，固然尚屬未知，但他的中立立場不言可喻：他無意選邊站，此舉可能流失大半邊客層。今日喬丹能位列十億美元俱樂部，來自他的超強行銷能力。他的球鞋於退休後超過十年仍銷量長紅。如果政治不沾鍋是基於商業考量，那似乎頗有成效。

二〇一二年，勒布朗無法忘懷特雷沃恩．馬丁一案，自此對政治議題表態。

對此，勒布朗多年後於訪談中指出：「對我來說，我想這就代表成長。我不確定這是不是讓我開始為社會議題發聲的關鍵。我想說的是，我必須了解社會議題。對於自己的種族感到自在，知道自己是誰，這是身為人的重點，我認為一切都該從這裡去了解。」

勒布朗此時已經到了這樣的境界，他的聲音有份量，有為數眾多的社群媒體支持者，不需透過媒體過濾就能直接發聲。他開始談論政治議題，發聲對象包括和警察執法有關的受害者：艾瑞克．加納（Eric Garner）、歐頓．斯特林（Alton Sterling）、菲蘭多．卡斯蒂爾（Philando Castile），以及塔米爾．萊斯（Tamir Rice）。勒布朗指稱快艇隊唐納．史特林種族歧視，最後也將炮火對準美國總統唐納．川普（Donald Trump），以及許多其他對象。勒布朗球鞋銷量至今未能與喬丹比肩，往後恐怕也無法望其項背，但勒布朗在政治端的影響力遠遠超過喬丹。

在這番體悟的啟迪下，勒布朗想到了基金會運作的新方式。他起用一位信得過的員工蜜雪兒·坎貝爾（Michele Campbell）來掌管基金會。坎貝爾在二〇〇六年時，曾任職於LRMR。坎貝爾的新目標是處理輟學議題，在此帶領下，和教育工作者合作，以找出阿克倫市學童輟學的根本原因。坎貝爾是不二人選：她有教育博士學位，對教育知之甚詳，又是少數深獲勒布朗信任的人員之一，有辦法讓勒布朗信任她的想法。

勒布朗將據點搬離克里夫蘭，移往阿克倫市。在克里夫蘭的辦公室，LRMR曾在《世紀決定》當週，聽取六支球隊的FA招攬簡報，此事廣為人知。到了阿克倫當地，勒布朗的員工更能建立在地連結。同時，團隊也和阿克倫公立學校學區（Akron Public Schools）[1]深化合作關係，往後數年，這層關係日益成長，於許多層面發揮影響力。針對學區學童，勒布朗先前是有多年慈善義舉，但多半是發送生活用品和背包，以及偶爾贊助活動，屬於淺層工夫。這次的公益等級截然不同。

1 譯按：位於俄亥俄州東北的學區，至二〇一七至二〇一八學年度，學區內國小、國中與高中總數合計四十多間，學生總數超過兩萬人。

阿克倫市的高中輟學率是二六％，在俄亥俄州數一數二。基金會發現高中生之所以輟學，早在小學三年級就種下遠因，那是學童是否在念書或數學落後進度的關鍵時刻，此時若發生問題，會嚴重影響高中畢業率。坎貝爾認為，小學三年級是基金會應該介入，展開密切關懷的時期。

有了坎貝爾領導，加上學校指導，基金會成立一項助學專案。初期受惠對象是二百名小學三年級學童，在當地認為是最需要援手的孩子。根據專案內容，每一年會新增一班三年級生，舊生則繼續接受追蹤。

基金會提供資金，為學童提供特別關照。學童會得到特別指導，接受追蹤和支持。簡單來說，目標在於防微杜漸，避免學童輟學。這項助學專案最初名為「育輪專案」（Wheels for Education），走入校園幫助學童，是進化版的單車公益馬拉松。

之後，這項助學專案更名為「我承諾」（I Promise）。勒布朗的一大任務為激勵學童。他不可能每天在場，因此專案設計理念是讓學童感覺勒布朗在身邊。計畫的一大概念是請學童念誦一段諾言，即所謂的「我承諾」，內容如下：

我保證會上學，做完功課，聽老師的話，因為老師會幫我學習。
我會發問，我會找答案。無論如何，我永遠不會放棄。
我會永遠盡力幫助他人，尊重他人，好好吃飯，好好運動，過健康的生活。
我會為我自己做好的決定。我會享受樂趣。
最重要的是，我會完成學業！

勒布朗那一端也為學童給了自己的承諾。內容如下：

我承諾，不會忘記我的家鄉。

為了加強承諾的力道，勒布朗開始每場比賽戴上一只橡膠手環，寫有英文「I Promise」（我承諾）。學童也拿到成對的手環，如此一來，觀賞電視比賽轉播時，能和勒布朗產生連結。基金會在一些專案學校放置勒布朗的等身大人形立牌，並標明他的承諾，建立與學童的連結。一些學童還會接到來電，聽到勒布朗預錄的訊息，作為鼓勵。

二〇一一年，勒布朗捐出八萬九千美元的助學金後，為基金會挹注大量資金。二〇一二年，捐贈金額逾七十五萬美元。二〇一三年開始吸引更多贊助，勒布朗加碼一倍，捐出一百五十萬美元。勒布朗同時宣布對高中母校捐贈一百萬美元，分三年付清，用於翻修體育館。到了二〇一六年時，基金會每年捐出的助學金已超過三百五十萬美元。

基金會運作較先前更加積極投入，主要歸功於坎貝爾接管基金，而能成長的動力來自於社會事件點燃了勒布朗的熱情。同時，勒布朗先前簽下的幾筆大型合約也有幫助：二〇一〇年和邁阿密熱火的一億美元加盟合約；第二張耐吉合約收到代言成效，簽名鞋款銷量增加，每年進帳逾二千萬美元；當然還有Beats合作案的暴利。他以自己前所未有的速度累積財富，並且不吝分享，增加善款金額，回饋家鄉。

基金會真正的蛻變卻另有原因，來自於勒布朗將商業界的經驗應用至公益界。談交易是一回事，利用名氣與人氣又是另一回事。企業和勒布朗產生連結，如果勒布朗能利用這點，簽到持股分紅優渥的合約，或是製作一部電影，那麼是否能有樣學樣，將這套操作用於慈善事業？畢竟，可不是只有私人企業會想讓自家產品掛著勒布朗的名字。

兩大計畫應運而生，大幅改變基金會的公益範圍，以及全美對於勒布朗的看法。二〇一五年，基金會與阿克倫大學（University of Akron）達成一項歷史性協議。阿克倫大學位於市中心，是大型州立學術機構。坎貝爾於阿克倫大學服務過十三年，在校內人面頗廣，幫忙居中聯絡。校長當時處境艱難，也正面臨公關問題（任內服務僅兩年便辭職），這點或有所助益。然而，最關鍵的原因是協議的理念十分出色，讓各方樂見其成，因此努力牽線。

到了此時，「我承諾」助學專案已幫助超過一千一百位學童，專案最初的三年級生即將展開高中生活，每年都有更多三年級生加入。勒布朗在思考，待學童高中畢業後，該如何協助後續發展。專案理念原先是降低輟學率，但眼下已有更宏大的目標。

最後談成的協議如下：專案學童若分數達標，考試表現優秀，阿克倫大學同意提供四年全額獎學金。如此一來，每年可能最多有二百名學生受惠。最快將於二〇二一年適用，屆時最初參加專案的三年級生將於開始就讀大學。

以勒布朗個人而言，他同意幫大學募款，以及協助其他助學計畫。阿克倫大學後來將教育學院（School of Education）改以勒布朗的基金會命名，鼓勵部分學生投入教職，回來家鄉，為有輟學可能的學生提供教育。在阿克倫大學的一棟建物掛名，當然有其價值，而對於基金會而言，與大學攜手合作也別具吸引力。

最初的理念是鼓勵更多學生完成高中學業，更有機會開創多彩人生。後來搖身一變，擘劃出能為後世帶來改變的遠景，蘊含遠大理念和創新思維，是早些年勒布朗無法納入夢想的範圍。團隊還有大名鼎鼎的新血加入：摩根大通集團（JPMorgan Chase），從業界為助學計畫提供奧援，勒布朗的商場老夥伴耐吉與可口可樂同樣不落人後。

二〇一五年夏天，勒布朗在一間遊樂設施的大型活動中，針對「我承諾」助學專案，宣布上述計畫。學童當時都還在唸小學，對宣布內容不知其然，對於專案帶給自己的價值更是不知其所以然。人群中的大人（特別是家長）可就不同了。

勒布朗聲明後，外界一度誤解勒布朗將自掏腰包，直接贊助獎學金。一些媒體單位還估算出勒布朗得花上四千萬美元，才能讓一千一百名學童繼續升學。先撇開誤傳，媒體這回倒是讚賞他了。

事情並非如此。勒布朗當然有能力拿出支票簿，發出一堆獎學金，但獨木難撐大樑，找到夥伴合作，才能全面幫助更多學童。勒布朗打算利用自己的影響力，將公益合作的能量幅散出去。實際上，全美媒體對他的善舉讚譽有加，連阿克倫大學可能都未獲得如此待遇，儘管其中有些語帶諷刺。外界向來視而不見《世紀決定》節目送出的數百萬美元善款，而這次和大學合作的大型公益案中，勒布朗本人的實際捐款數字不如上次，最後卻頗獲正面評價。有沒有打點好對外關係，也許才是最要緊的，但這些和公益本質相比，又相對無足輕重了。

基金會隨後新增一些其他專案，其中之一為幫助專案學童的家長取得美國普通教育發展證書（GED）[2]，延伸影響力，全家均能受惠。雪碧之後獻上一份大禮，成立一間機構，針對最後讀到高中的專案學童，提高他們的大學升學率。

往後三年，基金會持續成長，擴增規模。專案學童後續發展成功與否，儘管仍需多年才能量化，以投資類型而言，這項助學專案已經是學校機制先前難以企及的成就。眾人也傾注心力，使這項專案成為其他城市（或其他慈善家）的仿效典範。

2　譯按：可視為高中同等學力證明。

針對阿克倫公立學校學區，勒布朗延伸雙邊合作關係後，再邁出重大一步，於二〇一八年創立「承諾小學」（I Promise School）。這是一間實體小學，日常教育內容即為落實「我承諾」助學專案，為學童提供全方位關懷。當地家長擠破頭想送小孩進去，甚至必須採抽籤機制。

為了啟動計畫，基金會必須先自力投資一大筆金額，於是投入二百萬美元，主要用途為翻新一棟現有的學校建物，並承諾每年持續投入二百萬美元作為營運成本。營運開銷包括人事、餐飲與課程：以課程而言，承諾小學的上課時數和學期長度都長於當地其他學校；在餐飲方面，提供營養早餐、營養午餐和每日一次的點心。校內成立一間食物銀行，供有需要的家庭使用，並提供免費單車和安全帽，供需求者使用。承諾小學的最終就學人數預計為一千名，為一至八年級提供教育。

二〇一八年七月，勒布朗於開幕時表示：「對於我自己、我的家庭，以及基金會的生命歷程來說，這都是重大一刻，對於小朋友的生命歷程來說也是。我從小在阿克倫市長大，和他們走過一樣的街區。當別人問我為什麼是蓋學校，原因就在這裡。我知道這些小朋友的問題。我知道他們的夢想。我知道他們害怕什麼。我知道他們日後的遭遇。所以我才蓋這間小學。」

二〇一六年，勒布朗在騎士隊奪冠，為克里夫蘭終結五十二年的冠軍荒，是載入球界史冊的成就；對於承諾小學，勒布朗希望是他為當地留下的個人成就印記。

勒布朗的的慈善工作從學校跨足其他領域。二〇一六年，他透過基金會捐款予華盛頓特區的國立非裔美國人歷史和文化博物館（National Museum of African American History and Culture in Washington），金額為二百五十萬美元，贊助拳王穆罕默德·阿里的生涯與成就特展。

隨著年齡增長，勒布朗愈發對拳王阿里倍感親切。拳王阿里給他的深遠啟發，不僅及於勒布朗的運動生涯，還有對政治的熱衷。拜捐款之賜，勒布朗得以認識阿里家人。該年勒布朗的SpringHill製片公司和HBO達成協議，製作一部阿里的紀錄片。

林恩·麥利特後來一直是勒布朗生涯中的核心夥伴。勒布朗對這位拳壇傳奇響起共鳴，便是受到麥利特的影響。麥利特之後入主勒布朗·詹姆斯家庭基金會的董事會。麥利特來自肯塔基州路易維爾市（Louisville），距阿里成長地點不遠。麥利特自幼欣賞阿里，這股熱情也傳染給勒布朗。有時候，麥利特會隨身攜帶阿里的拳擊賽影片，於季後賽的客場比賽期間，在勒布朗下榻的旅館房間觀看影片。

眾人希望這只是開始。基金會將尋找更多投入兒童公益的方式。獎學金和承諾小學是需要實質支援、維護和金錢運作，才能讓這兩項大型計畫持續成長。勒布朗對公益的投入，儼然和他任何生涯成就一般宏大。

籃球場外，勒布朗有許多願景，待往後數十年一一完成。隨著他一路上增加金錢力與影響力，過去十年來，他的一大體悟是以不同的方式定義富足（prosperity）。

勒布朗說：「小時候，曾經有一段時間，我以為一輩子都會這樣過下去。我每天都這樣以為。我有夢想，我有人生導師，他們幫助我達到今天的成績。外界能對所有東西品頭論足，但我有能力貢獻家鄉和世界各地的人，他們無法拿走這點。這點對我來說，才是最重要的。我愛籃球，也享受籃球，但是對他人付出，有能力創立一間小學，那才是我生涯會長久流傳下來的東西。」

第十二章——洛城

二〇一八年夏天，勒布朗簽下一紙一億五千四百萬美元的合約，為期四年，入主洛杉磯湖人。對此感到驚訝的人，想必先前並不關注勒布朗身邊的動態。卡特和華納兄弟於二〇一五年簽約，原來的SpringHill製片公司化身為一間有頭有臉的好萊塢企業，新名稱為SpringHill影視娛樂公司（SpringHill Entertainment）。隨後，卡特搬到洛杉磯。卡特此舉並非短期旅居當地，或只是將洛城當作第二個家。他掏出三百五十萬美元，購買一座有門院的豪宅，位置緊鄰好萊塢山（Hollywood Hills）的穆荷蘭大道（Mulholland Drive）。豪宅附有鹹水泳池、獨棟接待所、酒窖和戲院。

對於勒布朗的娛樂事業而言，這是一大躍進，而且蒸蒸日上。該年年初，勒布朗於加州布倫特伍德社區（Brentwood）置產，佔地近一萬平方英尺[1]，價格為二千一百萬美元。瓦科特住處離此不遠，是附有門院的房宅，價值八百萬美元。二〇一六年，里奇・保羅購入一棟五房建案，位於比佛利山（Beverly Hills），價值三百萬美元，從大片玻璃陽台窗景可眺望泳池。在ＣＡＡ經紀公司歷練多年後，里奇・保羅決定自立門戶，成果豐碩。他將一些客戶帶到自己

1　譯按：約二百八十坪。

創辦的經紀公司，簽下一些大牌運動員。當初約翰・沃爾大學畢業後，LRMR未能招募，但里奇・保羅成功延攬之下，成為客戶，談好了一份價值二億七百萬美元的合約。沃爾以外，還有另外兩位NBA選秀狀元班・西蒙斯（Ben Simmons）和安森尼・戴維斯，日後也找上里奇・保羅，由他打理經紀事業。在美國，洛城執運動經紀事業之牛耳，自然會是建立據點的堡壘，里奇・保羅在此創業並不意外。

二〇一七年，勒布朗仍效力騎士隊時，升級至一幢占地一萬六千平方英尺[2]的豪宅，距布倫特伍德社區僅有數條街之遙。格局為八房十一衛，另附電梯、蒸氣室、泳池、半室外健身空間各一。這幢豪宅斥資二千三百萬美元。

同樣於二〇一七年，洛杉磯湖人簽下肯塔維奧斯・凱威爾波普（Kentavious Caldwell-Pope），合約價值一千八百萬美元，為期一年。凱威爾波普為里奇・保羅的客戶。外界多數認為這份單季合約超過凱威爾波普的身價。同樣令外界稍感吃驚的是，由於酒駕遭到逮捕，凱威爾波普下一球季即將入獄二十五天。法官准許他適用可外出工作的監外就業方案（work release），因此他可以出外比賽後回監服刑，缺賽場次不至於過多。

在凱威爾波普於二〇一七至一八球季的服刑期間，里奇・保羅固定會去湖人主場史坦波中心（Staples Center），確認凱威爾波普出賽順利。在入監的那個月份，凱威爾波普的生活常是左腳才剛跨出球場，右腳又回到監獄，著實尷尬。在季初的一場球賽，湖人老闆珍妮・巴斯（Jeanie Buss）邀里奇・保羅於比賽期間與她同坐。兩人在場邊第一排座位聊天，深入認識彼此。凱威爾波普是一名出色的側翼球員，有進攻能力，加上防守到位，因此頗有上場機會，因此起用上也獲得正面評價。然而光就此點，很難斷定湖人簽下他別有用心。

二〇一三年，里奇・保羅成立Klutch Sports運動經紀公司，而勒布朗前往湖人，這是他生涯第三次轉隊。這次轉隊成定局時，並未有大型電視轉播秀或是專文聲明，僅以Klutch Sports運動經紀公司的名義發出新聞稿。勒布朗聲明發出後數小時內，湖人同意重簽凱威爾波普，簽約金額為一千二百萬美元，同樣超過部分聯盟分析師所估算的開放市場身價。

入主洛城一事定調。只要勒布朗有意願，二〇一六年在家鄉為騎士隊奪冠，已經給了他再次轉隊的籌碼。二〇一四年回到克里夫蘭時，勒布朗思忖自己是否有可能在退休後，成為一支

2　譯按：約四百五十坪。

球團的老闆。針對騎士隊老闆丹・吉伯特，勒布朗曾詢問球團的長期規劃，然而現役球員成為老闆會違反聯盟規定。第二次退休期間，麥可・喬丹曾是華盛頓巫師隊的部分持股人，球涯最後復出前，還必須出售球隊持股。因此，勒布朗目前完全無法買下球隊（或是依其偏好，擁有部分持股），但長久來看，得償宿願並非不可能。

勒布朗回到克里夫蘭的前一年，《富比士》雜誌估算騎士隊市值為五億一千五百萬美元。過了一個球季，來到九億一千五百萬美元。此處須注意的是，當年正值洛杉磯快艇隊以二十億美元出售，球隊賣出後各隊的認知價值（perceived value）均有上升。以後見之明來看，如果二〇一〇年時大衛・葛芬對快艇球團有控管權，再加上有勒布朗作為籌碼，將會是一筆驚天動地的大交易。

據《富比士》雜誌估算，勒布朗來到陣中後，騎士隊營收每年成長四千萬美元。如此高額成長，往後確實可能吸引外界尋求合作。二〇〇九年，俄亥俄州通過一項公投案，讓吉伯特得以於克里夫蘭和辛辛那提（Cincinnati）兩地開設賭場。勒布朗團隊核心人士也認為，公投案的通過歸功於勒布朗，拜勒布朗所賜，拉高吉伯特於俄亥俄州的支持度。吉伯特是個性精明的商人，不做賠本生意，能靠著八面玲瓏的手腕讓賭場公投案通過，因此是否歸功勒布朗，固然難以定論，但賭場成立後，提升了吉伯特的個人身價淨值，勒布朗高掛球鞋後，兩人也更有可能發展為商業夥伴。

吉伯特和勒布朗能否重修舊好，曾是未定之天。二〇一〇年，吉伯特發出的公開信造成的傷害難以修復，即使後來騎士隊奪冠，兩人關係依然僵硬，到了二〇一七年更是雪上加霜。由於合約糾紛，吉伯特未於該年續聘頗受歡迎的總管大衛．葛里芬（David Griffin）。傑夫．寇恩（Jeff Cohen）與奈特．福布斯（Nate Forbes）是吉伯特的兩大商業夥伴，同時也是騎士隊股東，也大約於同一時期和吉伯特分道揚鑣。

再來輪到凱里．厄文（Kyrie Irving），騎士隊史上僅次於勒布朗的最閃亮球星。厄文要求交易，勒布朗則希望厄文續留。吉伯特要求勒布朗將合約展期至二〇一八年以後，以便用勒布朗續留作為談判籌碼，勒布朗並未點頭。為了留有備案，吉伯特將厄文交易至塞爾提克隊，在交易包裹中換得一支未來的首輪籤。

一干人接二連三離隊，堅定了勒布朗的心意。他早有意落腳洛城，眼下跟著吉伯特，他看不到發展的可能，而成為騎士隊股東這類長程計畫也只能先束之高閣。那一年，是騎士隊連續四個球季闖進總冠軍賽的一年，最後遭金州勇士隊擊潰，且為四戰徹底橫掃。當時年紀固然已經三十有三，但季後賽繳出了堪稱生涯最出色的系列賽表現。例行賽時，他從未告假，打滿全八十二場為生涯首度；季後賽時，他兩次命中致勝壓哨球，打出史詩級成績，帶領球隊兩度拿下第七戰的勝利，包括對上塞爾提克的東冠系列賽。

冠軍賽卻是出師不利。第一戰，由於數度懷疑吹判尺度，加上隊友J. R.史密斯（J.R. Smith）比賽末段記錯比分，導致勒布朗失去冷靜。他賽後憤然進入休息室，一拳打在白板上，導致一根指骨骨折。他後續三場依然出賽，但無法找回身手，在克里夫蘭的球季悵然告終。

數週後勒布朗投身自由球員市場，此時並沒有太多選擇。二〇一〇年，勒布朗可以說滿手好牌：他可以留在老東家騎士；可以加盟邁阿密熱火，和韋德與波許搭檔；或是入主芝加哥公牛，聯手年輕球星德瑞克・羅斯和喬金・諾亞（Joakim Noah）。二〇一四年，他可續留熱火，最後選擇回到老東家騎士，當時陣中已有厄文，不久後又交易來有全明星身手的凱文・勒夫（Kevin Love）。

第三次轉隊時，態勢則更加複雜。當時騎士隊資產耗盡，頗有要邁入重建之姿。湖人清空隊員空間，準備追求自由球員，陣中若干位幾乎是有待證明實力的年輕小將。休士頓火箭隊（Houston Rockets）和費城七六人隊渴望招攬勒布朗，但勒布朗的家人對居住於克里夫蘭和洛城以外的城市，並無太大意願。

到了二〇一八年秋天時，SpringHill影視娛樂公司手上已有十多部紀錄片、有腳本的節目、競技類節目以及遊戲類節目，正在播放中、製作中和籌備中。播放平台有Showtime、HBO、Starz、CW、CBS、NBC和Facebook。勒布朗掛名監製，實際上並未演出或籌備。SpringHill已經是不折不扣的製片商，沒有勒布朗演出，也能完成企劃。勒布朗已不需要透過特定電視台或製片商的關係。勒布朗與時代華納的關係扮演催化劑，而瓦科特身為董事，或許也居中牽線。即便如此，透過華納兄弟架橋，勒布朗等人贏得業界的尊敬，其中特別歸功於卡特，他每日與各界開會，物色企劃案。SpringHill影視娛樂公司的聲譽日益獲得肯定，若要說全靠勒布朗的盛名才能跨過這道門，已經有失公允。

為運動員提供發聲空間的Uninterrupted媒體平台拓展規模，移師美國傳媒集團維亞康姆

（Viacom）的大樓，辦公室煥然一新，具有歷史意義的好萊塢大道（Hollywood Blvd.）與高爾街（Gower Street）路口就在附近。Uninterrupted此時有超過十五部自製作品，包括以大麻創業的NBA球員，以及NBA球星文斯·卡特的電影，後者並於多倫多國際影展上映[3]。

兩部片均未如《王者之路》與《星路多懊悔》獲得影評界讚譽，商業成績也不如《姐姐愛最大》。《王》片是導演初試啼聲的多年心血；《星》片是首部電視劇，由好萊塢傳奇人物湯姆·維爾納操刀監製；勒布朗客串演出的《姐》片最終全球票房收入則達一億四千萬美元。此外，最成功的作品是益智節目《The Wall》（暫譯：綠球紅球大挑戰），儘管主持人克里斯·哈德維克（Chris Hardwick）遭前女友指控暴力而交出麥克風，節目前途垂危，但仍延續數季。即便並非一切順風順水，但重點是勒布朗和卡特儼然已建立一座小型媒體帝國，未來大有可為。日後若持續推出作品，便可能遇到一匹千里馬，一躍跨入好萊塢菁英之林。兩人娛樂事業仍處早期階段，但已有亮眼成績和獲利。另一端還有華納兄弟，對於推出《怪物奇兵二》仍是雄心壯志，這部片有望成為雙方合作關係下的票房績優股。

回到家庭面，勒布朗的一對愛子正值成長期，享受曾經在洛杉磯度過的夏天生活。他們是前途看俏的籃球新星，勒布朗相信長子布拉尼（Bronny）日後有機會進軍ＮＢＡ。讓一對愛子進入南加州的高中強隊，是頗具吸引力的安排。

在這樣的背景下，當勒布朗考慮離開克里夫蘭時，直接棄選休士頓火箭或費城七六人等近期奪冠希望濃厚的強隊。他相信湖人日後可能有機會延攬另一名球星，儘管此一念頭多少有些風險。對於聯盟最別具魅力的球隊湖人，賭上未來是否能吸引另一位出色球員加盟，這局賭盤並非沒有贏面。

二〇一八年七月投入自由球員市場之際，這些是勒布朗的內心想法。轉隊答案和那篇聲明一樣簡單：勒布朗前往洛城。

就籃球面而言，這項決定固然不算完美，但就商業面來說，是深思熟慮的抉擇，並頗有前瞻性。隨著勒布朗年紀漸長，商場事業日趨成熟，未來志向也日益遠大。卡特曾告訴我，勒布

3 譯按：前者為退役球員艾爾・哈林頓（Al Harrington），曾與聯盟前主席史騰探討醫療用大麻的推廣；後者原文片名為《The Carter Effect》（直譯：卡特效應）。

朗著眼於對全球的影響力，籃球生涯只是其中一段期間。勒布朗這番願景並非前無古人，許多前輩高掛球鞋後，經營多姿多采的成功生涯，影響領域遍及商界、慈善界、政治界和運動界，其中翹楚為曾任湖人營運總裁的魔術強森。勒布朗對於日後涉入這些領域，抱持開放心態。

若以結果論回顧，二〇一〇年轉投熱火屬籃球面決策，基於奪冠考量；二〇一四年的鳳還巢具有歷史面的意義，無論是以奪冠洗白名聲和鞏固歷史地位而言，那年回到克里夫蘭都將為後世所稱頌；二〇一八年赴洛城則相中商業面，是十五年生涯經歷的集大成：這段期間中，勒布朗歷經學習、角色定位的過程，並且針對自己的籃球天賦，充分利用因此擁有的至高名氣和機會。這次轉隊決定，勒布朗考量的是往後五十年的人生，以及自己不在時給家人的禮物：加州的好天氣與海灘，而加入湖人這支NBA代表性球隊，不過是錦上添花。

勒布朗赴洛城一事拍板後，不到三個月，《怪物奇兵二》也在千呼萬喚之下定案。期間經過至少五年的討論，不同的編劇、導演和製片等各方人士為此在不同時間點串接。勒布朗和卡特所過目和回絕的劇本為數眾多。在勒布朗還在克里夫蘭，而卡特遷居洛城的期間，兩人分隔兩地仍多次找機會開會、晚餐聚議、在私人飛機上腦力激盪，並於籃球賽後長談。而在勒布朗成為湖人一員後，電影合作案順利通過。

二〇一八年秋天，SpringHill影視娛樂公司和華納兄弟宣布《怪物奇兵二》將於二〇一九年夏天正式開拍。劇組實力堅強，製片為萊恩·庫格勒（Ryan Coogler），並由泰倫斯·南斯（Terence Nance）執導演筒。庫格勒是票房巨作《黑豹》（*Black Panther*）的導演，南斯則打造過HBO深夜喜劇小品《Random Acts of Flyness》（暫譯：急智秀）[4]。勒布朗與卡特擔任監製之外，主角由勒布朗挑大樑演出，搭檔華納動畫《樂一通》（*Looney Tunes*）的卡通角色：兔巴哥（Bugs Bunny）和達菲鴨（Daffy Duck）。

首集《怪物奇兵》於一九九六年問世，但源頭可回溯自一九九二年超級盃時的耐吉廣告。原廣告由位於波特蘭的知名廣告公司威登與甘迺迪一手打造。二〇〇三年，勒布朗尚未簽下球鞋代言合約時，曾造訪奧勒岡州比佛頓市，聽取耐吉的代言提案匯報，其中便有來自威登與甘迺迪公司的點子。廣告中，飛人喬丹（Air Jordan）對決兔巴哥演出的野兔喬丹（Hare Jordan），

4　譯按：本書原作付梓後，已改由喜劇片導演馬爾科姆·李（Malcolm D. Lee）執導。

成為該年代超級盃中最讓人印象深刻的廣告之一。隔年，耐吉以該廣告為基礎延伸系列作。

首集導演喬・皮特卡（Joe Pytka）曾於一場訪談中表示，《怪物奇兵》的誕生確實歸功於耐吉創辦人菲爾・奈特。奈特一手出資，向華納兄弟買下角色；一手付錢，請喬丹在特效用的攝影綠幕（green screen）前演出；所費不貲的超級盃廣告也由奈特買單，透過廣告為電影先試水溫。《怪物奇兵》最後全球票房二億三千萬美元，奈特一毛未取。話雖如此，喬丹可是於片中大秀自己的耐吉簽名鞋款。

電影最吸金的一塊在商品行銷。據《芝加哥論壇報》（*Chicago Tribune*）報導，印有《怪物奇兵》中喬丹肖像的周邊商品有七十八個品項，對此，《樂一通》動畫角色為華納兄弟創造的營收為十二億美元。電影原聲帶主打的單曲〈我相信我能飛〉（I Believe I Can Fly）由勞・凱利（R. Kelly）演唱，獲得六次白金唱片殊榮。《怪物奇兵》的金雞母效應持續發威，也難怪華納兄弟朝思暮想，只盼勒布朗欣然接演續集角色。

對於喬丹的首集接演報酬，媒體從未報導。二〇一九年的電影業生態和一九九〇年代中期相比，已是大相逕庭。然而，若是《怪物奇兵二》電影相關人士都有出色的製片能力，那勒布朗與卡特從中獲益的機會仍是頗大。首集有十七位製片，包括喬丹的經紀人大衛・佛克（David Falk）與長期合作的業務經理克提絲・波克（Curtis Polk）。本質上，喬丹當時的身分是員工。華納兄弟為他蓋了一處健身場所，讓他在拍片空檔能練習。喬丹不像SpringHill影視娛樂公司，能在華納兄弟的基地上擁有自己的據點，也無法選擇在兩棟位於布倫特伍德社區的二千萬豪宅過夜。

針對SpringHill影視娛樂公司和勒布朗的未來電影事業，《怪物奇兵二》可能讓兩者不是一飛沖天，就是毀於一旦。如果成功，卡特可能繼續獲得投資，拍攝其他讓公司蒸蒸日上的大製作電影；而對於勒布朗，如果他和《怪物奇兵二》動畫角色的配合效果，能類似《姐姐愛最大》時和眾演員一拍即合，便可能拓展日後的螢光幕演出機會。《姐》片上映時，在演技和詮釋喜劇橋段的能力上，勒布朗獲得外界讚賞，《紐約客》（*New Yorker*）雜誌譽為「現役職籃球員的最佳從影演出」，這番話自然是最大的恭維了。《怪物奇兵二》中，勒布朗將再次飾演自己，至今他已多次扮演各種版本的自己。也許，只是也許：如果《怪物奇兵二》中勒布朗的英雄角色大放異彩，他可能有機會圓另一個醞釀多年的夢：飾演超級英雄。

勒布朗的身分不斷疊加，持續進化：從少年籃球明星到年輕的美金百萬富翁、兜售本身商品的業務員、ＮＢＡ球星、商人、超級球星、經紀人、紀錄片製作人、奧運冠軍、電視製片、商界大亨、演員、企業家、ＮＢＡ冠軍、政治活動家、慈善家、電影製片、企業持股人、影音內容製作人、人道關懷者等。有一天，也許就那麼搖身一變，成為超級英雄。

勒布朗有一齣節目是他和名人朋友談天，在一間理髮廳中從兒時回憶聊到政治話題[5]。他推出一部紀錄片，以前ＮＢＡ球員艾爾·哈林頓為主角，探討哈林頓的醫療用大麻事業。勒布朗還在動畫電影《小腳怪》（*Smallfoot*）中，為一位雪人角色配音。這些成就都還只是多角化經營的一處小角。卡特保證，目前正在醞釀和孵化的合作案數量遠遠不只於此。

勒布朗的人生旅途一路走來，已是全球知名，極負聲望，又擁巨大財富。然而，若讀者對勒布朗有信心，他的一切才剛開始。

5　譯按：節目英文原名「The Shop」。

結語

說到底，勒布朗現在是位列十億美元俱樂部的富豪了嗎？

不，還沒。手上和洛杉磯湖人的合約於二〇二二年到期時，勒布朗的十九年聯盟生涯將進帳約三億九千一百萬美元，傲視NBA史上所有球員。在此之前有紀錄保持人凱文・賈奈特（三億四千三百萬美元），科比・布萊恩坐二望一（三億二千八百萬美元）。當然，這些數字都未扣稅金。

若計入利物浦足球俱樂部、Blaze Pizza、Uninterrupted和SpringHill影視娛樂公司等組織持股、不動產資產，以及代言收入，勒布朗可能更接近。二〇一八年，《富比士》雜誌估算含代言收入在內，勒布朗生涯已賺進七億六千五百萬美元。勒布朗以節儉聞名，有些人甚至直接稱他吝嗇，因此可能還有許多各式各樣的投資標的。

接受ESPN記者瑞秋．尼克爾斯（Rachel Nichols）訪問時，勒布朗曾說：「我不會開數據漫遊，我不買App，我還在用有廣告的Pandora[1]。」

前騎士隊友伊曼．尚波特（Iman Shumpert）曾說，當隊員負重訓練時會聽勒布朗的手機音樂，Pandora串流時會有廣告進來，這一點讓他感到煩躁。勒布朗不願意付月費，買沒有廣告的付費版。倒是尚波特也說，如果必須選一位隊友來幫他投資財產，他會挑勒布朗。

勒布朗做過一些不聰明的投資。他曾說其中最差者要算是在房市高點時，於拉斯維加斯購入一棟房產。而在他和華倫．巴菲特會面後，投資趨於保守，以波克夏哈薩威和藍籌股為標的。波克夏哈薩威的A級股票在二〇一八年市值曾逾三十三萬五千美元，我曾經問勒布朗手上有多少A級股票，他笑而不語。

二〇一四年，Under Armour和耐吉球鞋競相請杜蘭特代言球鞋。雙方祭出天價，成為自二〇〇三年的勒布朗以來，最激烈的籃球球員爭搶戰。Under Armour當時在球鞋市場還只是小眾品牌，跳入戰線，向杜蘭特提出一張鉅額保障合約，由於當時市佔率小，無法以權利金分潤吸引球員。二〇〇七年杜蘭特進軍職籃時，耐吉以六千萬美元的價格簽下，擁有跟進報價的完全權利（順便一提，阿迪達斯端出的金額更高，但杜蘭特選擇與報價較低的耐吉簽約）。耐吉深思熟慮後跟進報價，據報導，杜蘭特最後取得的代言價碼高達三億美元，為期十年，在球鞋代言市場上的身價超越勒布朗。

杜蘭特的代言案拍板時，勒布朗和耐吉的第二張合約還沒走完。勒布朗的事業經營更勝杜蘭特，這成為勒布朗重新談約時的籌碼。卡特當然也不放過這個機會，二〇一六年，勒布朗與耐吉簽下終身合約。我從部分消息來源獲知，儘管耐吉並未證實，但勒布朗目前固定由耐吉獲利的金額每年逾三千萬美元。

接受《GQ》雜誌專訪時，卡特曾指出勒布朗的耐吉合約價值最終可能超過十億美元。此言一出，攻占部分媒體頭條。這是臆測值，卡特並未斷言有到如此天價，再說很難推估勒布朗退休後的簽名鞋款銷量。麥可・喬丹退休後將近二十年，售鞋年收仍有十億美元之譜。

1 譯按：美國線上音樂服務鼻祖，二〇一九年完成與SiriusXM的併購（該段訪問時間為二〇一七年）。

即便如此，如果去問球鞋業高層，他們會說：喬丹只有一個（當然，還有查克・泰勒〔Chuck Taylor〕[2]）。

對此，運動服裝產品分析師馬特・鮑威爾（Matt Powell）指出：「喬丹是前無古人，後無來者。市場趨勢很難判斷，過去幾年來，籃球鞋逐漸過時。二〇一五年以來，勒布朗鞋款銷量目前下跌，之後可能會反彈，去洛杉磯打球可能有實質幫助。我們拭目以待。」

即便耐吉代言獲利最後不到十億美元，也有其他方法。有利物浦投資案作為基底，勒布朗目標是當運動隊伍的老闆，卡特已表示這個目標十年內會實現。此舉乍聽野心勃勃，畢竟每支NBA球隊目前價值都超過十億美元，且無人能預知十年後的市值走向。光望著鉅額數字，想著如何更上層樓，無法化為讓人讚賞的實績。不過，勒布朗和卡特已經學會利用股本投資的方法。

二〇一七年，魔術強森在Uninterrupted媒體平台上接受卡特訪問。對於超級明星運動員來說，內容活脫脫是一門致富課程。魔術強森已有計畫，將設法於數個月後簽下勒布朗，當時身為湖人總裁的他有此想法，自然讓事情更水到渠成。結果不用多說，魔術強森遂其所願，兩人在勒布朗的布蘭特伍德社區豪宅會面後談成合約，時間是二〇一七年七月一日，勒布朗投入自由球員市場的第一天晚上。

在該場訪談中，魔術強森告訴卡特，二〇一二年洛杉磯道奇隊（L.A. Dodgers）出售時，他參加一個投資團隊，六位資產超過十億美元的富豪想和他合資競標。合作並非報名就能參加，魔術強森又是價值連城的競標夥伴，因此是由魔術強森和這些頂級富豪面談，由他選擇合作對象，決定權並非在富豪身上。富豪有的是錢，但魔術強森的身價更罕見：他有在運動界有無懈可擊的名聲和威望，名人堂球員的身分更增加信賴感。魔術強森最後選擇古根漢合資集團（Guggenheim Partners）合作，最後團隊合資二十億美元，有此價碼毫無意外。魔術強森的投資額在團隊中算是小咖，他的身家淨值在職業運動界中隨著影響力擴增。

---

2 譯按：查克・泰勒原為球員，後來加入CONVERSE銷售團隊。CONVERSE於一九一七年即推出籃球鞋，為籃球鞋始祖。泰勒成為品牌指標性人物，旗下All Star經典鞋款將其英文姓名「Chuck Taylor」納入標誌中。

二〇一七年邁阿密馬林魚隊求售時，許多投資團隊有意購買。最後由德瑞克．基特領軍的團隊買下，價格十二億美元。基特成了負責球隊營運的CEO。當他下令制服組將陣中球星賈恩卡洛．史坦頓（Giancarlo Stanton）交易至母隊洋基時，甚至受到球迷和媒體批評。根據《美聯社》（*Associated Press*）報導，基特持股僅四%，仍執行這些改變球團面貌的決策。買下馬林魚的多數資金來自於以私人股權投資致富的布魯斯．謝爾曼（Bruce Sherman）。謝爾曼之所以能位列美金十億富豪俱樂部，靠的是出售三間公司的收益所得，而買家就是巴菲特（金字塔頂端的金融界是很小的圈子）。儘管持股比例不高，基特退役後不過三年，就當上大聯盟球隊的老闆。當一位名聲響亮的明星運動員，自然有其優勢，這一點，勒布朗老早了然於胸。

芬威運動集團總裁山姆．甘迺迪說：「我的直覺告訴我，勒布朗未來會是全世界多家運動隊伍的老闆。以他的聰明，一定會請得到能幫他打點公司的聰明人，然後他會退居幕後，盯著他的全球運動帝國。他和卡特在金融這塊做得真的很棒，他們也知道未來要去哪裡。」

找到能買下球隊的資金，對於勒布朗來說大概不是問題。如果日後有球隊要出售，NBA很可能會熱切盼他買下，聯盟也會從旁協助。二〇一〇年夏洛特山貓隊（Charlotte Bobcats）

求售時，聯盟高層向下調整標準購入門檻，以確保喬丹獲得球隊的控股權益。儘管喬丹承繼了前老闆鮑伯・強森（Bob Johnson）的大筆債務，然而據《夏洛特觀察家報》（*Charlotte Observer*）報導，喬丹掏出自己腰包買下球隊的現金支出僅三千萬美元。

現今球團價值飆升，外界對於運動隊伍更興味盎然，喬丹購入夏洛特山貓隊的例子幾乎成了天方夜譚。話雖如此，若有球隊出售，且勒布朗退休後表示有意帶領一支投資團隊購買，無論是合資或是請NBA幫忙成全，勒布朗想必不會有太大困難。屆時若有瓦科特在背後牽線，不難想像勒布朗可以拿到適當比例的持股，作為參與購入案的回饋。

說了這麼多，故事重點在於勒布朗的商業版圖還大有可為。無論他是否將得其所願，擁有一支球隊，或是另有新目標，都有待觀察。勒布朗的視野還在擴張中。舉例來說，他與阿諾・史瓦辛格合作，二〇一八年底推出蛋白質補充產品。最後的最後，他和瓦科特的最大客戶連線，成為商業合夥。成王敗寇，這個品牌可能成為業界巨人，也可能黯然退場。

目前顯而易見的是：勒布朗的職籃生涯正在倒數。他NBA生涯的總出賽場次，已經過了一半。這些年來，對於心心念念的場外目標，他已經學會如何成功執行。他依然渴望勝利，依然運籌帷幄，充分利用優勢。他太愛競爭的快感。

他懷抱熱情，幫助家鄉的弱勢學童，最後成就出的公益成績，是他生涯的一大創舉。他享受這樣的感受，不想就此打住。

當勒布朗還是十多歲的少年時，已經體悟到自己在世界中的位置：在籃球這項他熱愛的運動上，他知道自己天賦異稟，將成為最偉大的球員之一；他決定投入，這項決定不假他人。他想達到完美體態；他努力不懈，磨練技術；他不輕言引退，職業生涯想打到最後一刻。這一切的關鍵在於將天分最大化，盡可能從中取得最大收穫。

勒布朗的商業操作也是如出一轍。他想利用自己的名氣；他想管控和塑造自己的形象；只要外界都還搶著要他，勒布朗就會充分利用自己的地位；他想盡可能創造最大利益：無論是為了個人進帳，或是為了後代福祉，又或者，只是為了一名可能曠課八十二天的小四學童，達成他和學童之間的承諾。

美金十億也好，五十億也罷，當勒布朗的人生故事寫下句點時，故事的重點恐怕不會是他的財富，而會是他十八年少時、三四少壯時、八旬遲暮時的心願。

勒布朗說：「長久以來，我一直都在打破框架。那是我想做的事。為了下一代，我也會繼續打破框架。」

「我要達到所有夢想。」（I want it all.）[3]

3　譯按：上下兩句話乍看不順，其實來自二〇一七年底受訪內容，談到即將三十三歲的心境，勒布朗表示仍感覺良好，認為自己正在為下一代球員打破老將年齡的框架，同時帶到自我期許。該球季耐吉正好推出品牌廣告，以「I want it all.」概念帶出廣告中小孩一路從街頭打到職籃的夢想。勒布朗於該訪談最後面露笑容，語帶促狹地連結這句同期廣告標語。本書作者延伸原句，呼應勒布朗在職籃、商業、慈善等領域的期望，以及框架外的成就。

誌謝

無論是眼前觀賽、手裡撰文，還是口中談論，勒布朗．詹姆斯都是史上最受關注的運動員之一。他的故事持續進化，部分歸功於勒布朗在職業生涯中，向來欣然接受改變。我受惠於此，有此一良機針對他的旅程為文記錄。我何其有幸，永遠不會認為這是理所當然。勒布朗與其至友和合作夥伴一路走來，已過二十載。他們最初來到籃球界和商界時，勢必有一段時間，懷著初來乍到的生澀，而一如他們剛來到NBA時，我也曾有著初來乍到的生澀。在這二十年中，我看著他們成長、克服挫敗，並一次次奮起成功。儘管我的領域和他們截然不同，但其實頗有重疊之處：我們運動作家往往要閱讀和批判彼此的作品；有時候我們會對另一方百思不得其解；有時候備感親近，有時候備感距離。這段旅程向來充滿挑戰、收穫和成就。

因此。首先我要感謝勒布朗・詹姆斯、馬威利克・卡特，以及里奇・保羅，感謝他們過去二十年來讓我就近接觸、為我提供觀點。我也想感謝亞當・曼德森，為整本書的內容提供資源。

我的感謝對象還有：亞倫・古德溫、史蒂夫・史陶德、克里斯多夫・貝爾曼、馬特・鮑威爾、山姆・甘迺迪、吉姆・格雷、約翰・史吉波、路克・伍德、達倫・羅維爾（Darren Rovell）、瑞克・安奎拉、艾倫・露西、布萊恩・伯格（Brian Berge）、尼克・德波拉（Nick DePaula）、瑞秋・尼克爾斯、傑森・洛伊德（Jason Lloyd）、戴夫・麥克曼納明（Dave McMenamin）、喬・瓦爾頓（Joe Vardon）、瓊・瓦爾（Jon Wile）、提姆・邦騰斯（Tim Bontemps），以及其他願意為本書撥冗分享經驗的許多消息人士。

在此，我要特別感謝編輯、同事兼好友凱文・阿諾維茲（Kevin Arnovitz），多虧他的新意與創造力，讓本書與這些年的其他作品得以付梓。

若沒有ＥＳＰＮ同事羅伯・金恩（Rob King）、洛琳・雷諾斯（Lauren Reynolds）、克里斯蒂娜・達格拉斯（Cristina Daglas）與克里斯・拉姆齊（Chris Ramsay），這本書無法完成。

出版商Hachette Book Group的西恩・戴斯蒙（Sean Desmond）與其團隊，以及出版商

LGR Literary Agency的丹尼爾・格林伯格（Daniel Greenberg）與其團隊也提供支援，我很感謝。

最後，若沒有我家人的耐心與支持，這一切無法成為可能，其中，我要特別感謝我的妻子莫琳・富爾頓（Maureen Fulton）。

入魂 01

王者製造

勒布朗・詹姆斯縱橫球場與制霸商場的成王之道

LeBron, Inc. : the making of a billion-dollar athlete

作　　者　布萊恩・溫德霍斯特（Brian Windhorst）
譯　　者　高子璽（Tzu-hsi KAO）
總 編 輯　簡欣彥
副總編輯　簡伯儒
責任編輯　簡伯儒
封面設計　蔡南昇

出　　版　堡壘文化有限公司
發　　行　遠足文化事業股份有限公司（讀書共和國出版集團）
地　　址　231新北市新店區民權路108-2號9樓
電　　話　02-2181417
傳　　真　02-2188057
E m a i l　service@bookrep.com.tw
郵撥帳號　19504465
客服專線　0800-221-029
網　　址　http://www.bookrep.com.tw
法律顧問　華洋法律事務所　蘇文生律師
印　　製　韋懋實業有限公司
初版一刷　2020年4月
初版4.3刷　2023年11月
定　　價　新臺幣350元

國家圖書館出版品預行編目（CIP）資料

王者製造：勒布朗・詹姆斯縱橫球場與制霸商場的成王之道／
布萊恩・溫德霍斯特（Brian Windhorst）著；高子璽譯. -- 初版.
-- 新北市：堡壘文化, 2020.04
面；　公分. --（入魂；1）
譯自：LeBron, Inc. : the making of a billion-dollar athlete
ISBN 978-986-98741-3-7（平裝）

1.詹姆斯（James, LeBron）　2.運動員　3.職業籃球

785.28　　　　109003048